京都 祇園祭

Kyoto Gion Festival

衣棚通 Koromotana dori

鶏

北観音山

御神燈
北観音山

目次

神事編

願いを託して

祇園祭の成り立ちと変遷

7月1日から約1カ月間にわたって執り行われる祇園祭は、17日と24日の山鉾巡行、神幸祭、還幸祭でハイライトを迎える。運良く快晴に恵まれることもあれば、梅雨空に悩まされることもあり、直後に梅雨明け宣言となる年もある。

祇園祭は、貞観11年（869）、全国的に疫病が大流行したので、66本（諸国の数）の矛《ほこ》を神泉苑に立て悪疫退散を願った「祇園御霊会《ごりょうえ》」が行われたのが始まりとされている。「御霊」は、怨霊と同じ意味で、非業の死を遂げた人々の霊が祟って疫病をまき散らすと恐れられた。河川の氾濫などにより疫病が流行る梅雨の時季、悪疫退散を願って行われた祇園祭が、形は時代に合わせて変えながらも、本質を変えずに伝承されているのである。

現在の山鉾のルーツは、神事に奉納されるさまざまな芸能が盛大になり、長保元年（999）に雑芸者で当時のスーパスター「无骨《むこつ》」という人物が、大嘗祭《だいじょうさい》（天皇即位後、初めての新嘗祭《にいなめさい》）の標山《しめやま》に似た山を造って行列に参加したのが始まりといわれる。驚いた朝廷が検非違使《けびいし》（今の警察）を派遣して、无骨を捕らえようとした出来事もあった。その後、人の手で担がれていた矛（鉾）が次第に大型化したため台車に載せ、飾りを付けて祭りに参加するようになり、南北朝時代には、ほぼ現在のような形態になったといわれる。

室町初期にはその数約60基ほどにもなり盛り上がったが、京都のほとんどを焼き尽くした応仁の乱（応仁・文明の乱１４６７～７７）によって、祇園祭の山鉾行事は中断を余儀なくされた。その後、明応９年（１５００）に復興。商工業者を中心とした町

5月の神泉苑祭で飾られる剣鉾。祇園祭で巡行する山鉾のルーツを見ることができる

衆が力を蓄えるようになると、再興が進み盛大に祭りが行われるようになった。当時の様子を「祇園祭礼図屏風」「洛中洛外図屏風」などに見ることができる。江戸時代には、宝永（5年〈１７０８〉）・天明（8年〈１７８８〉）の大火、蛤御門の変（元治元年〈１８６４〉）の戦火を被りながらも復興を繰り返し、山鉾の懸装品にベルギー、トルコ、ペルシャ、中国、朝鮮など、異国情緒あふれる豪華な絨毯や綴が競って使われ、見物人を驚かせた。

明治になって新暦（太陽暦）が採用されると、前祭が7月17日、後祭が24日となり、第二次世界大戦中は一時中断。昭和31年（１９５６）に巡行路が松原通から御池通へ、昭和36年には寺町通から河原町通へ変更され、さらに昭和41年から、前祭と後祭が7月17日に一本化されて合同巡行になった。山鉾を彩る懸装品なども、復元・新調されて少しずつ脱皮を繰り返しながらも長年の伝統が守られ続けているのが、大きな特徴である。

そして、昭和54年（１９７９）には京都祇園祭の山鉾行事が国の重要無形民俗文化財に、さらに平成21年（２００９）にはユネスコの無形文化遺産に登録された。

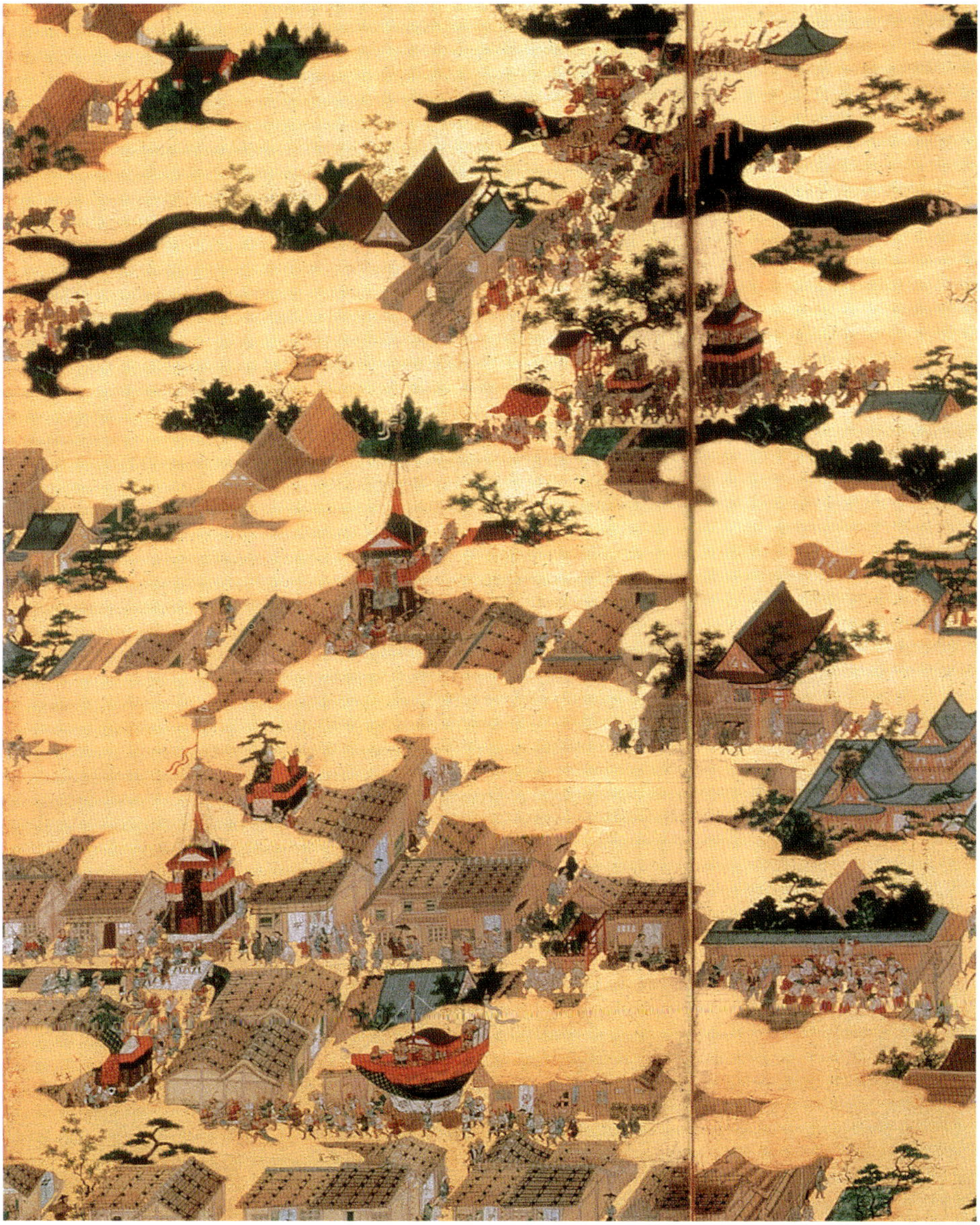

上杉本「洛中洛外図屏風」（右隻）＝米沢市上杉博物館蔵＝に見える祇園祭

ここから祇園祭は再び姿を変える。否、変えたのではなく、本来の姿に戻ったのだ。千年以上にわたって継承されてきた習わしを後世に伝えるため、平成26年（２０１４）より、前祭・後祭に分かれて巡行されるようになった。昭和41年（１９６６）の合同巡行から49年ぶりのこととなる。

前祭の巡行は7月17日。現在は23基の山鉾が四条烏丸から河原町御池へ、河原町御池を経て烏丸御池、新町御池で解散となる。後祭は24日に10基の山鉾と1基の唐櫃《からびつ》が烏丸御池に集合して、河原町御池から四条河原町を経て四条烏丸で解散。改訂版の本書では、巡行を行なう山鉾・唐櫃を掲載した。

８６９年の「祇園御霊会」から今年２０１９年で１１５０年。

千年の時を超えて、祇園祭は今も京の都とともにある。

祇園祭の祭事

祇園祭のクライマックスといえば、17日の前祭と24日の後祭の山鉾巡行。しかし、八坂神社の神事である神輿渡御を忘れてはならない。17日の「神幸祭」では中御座、東御座、西御座の三基の神輿が舞殿から降ろされ、祇園石段下で「差し上げ」をして氏子区域を渡御する。17日から御旅所に据えられていた神輿は、24日の「還幸祭」で氏子町内を渡御した後、本社に還る。このほかにも、1カ月にわたって山鉾と神輿の祭事・神事が執り行われる。祇園囃子の「コンチキチン」が響く頃、いつもの風景を祭の風景に変えていく。

長刀《なぎなた》鉾《ほこ》稚児《ちご》結納
（非公開）

6月中旬

長刀鉾稚児宅

今年の稚児を町内に迎えるため、八坂神社神職のお祓いを受けた稚児宅に長刀鉾保存会の役員、稚児の両親などが集まり、「結納」が交わされる。床の間には、「祇園牛頭天王《ごずてんのう》」の掛け軸と、神饌《しんせん》が供えられる。

Mid June: Naginata-Hoko Chigo Yuino

Here, the *chigo* or sacred festival boy (who has been purified by a Yasaka Shrine Shinto priest) and his parents receive in their home members of the Naginata-Hoko float preservation society to exchange gifts and acknowledge the child as the *chigo* for this year in the Naginata-Hoko float district.

吉《きっ》符《ぷ》入《いり》

7月1～18日
（各町により異なる）
各山鉾町

神事始めの儀式で、山鉾町の会所に関係者一同が会し、祭りの無事を祈願をするとともに、打ち合わせを行う。代表者より「いつも通りにつつがなく…」の挨拶が行われ、すべてがスタートする。（非公開）

1 to 18 July: Kippu-Iri

This is the first ritual of the festival. Organizers gather at the float district meeting halls to pray for safety over the month-long festival period. With certain words from a representative, the month-long festival begins in each district.

長刀《なぎなた》鉾町《ほこちょう》お千度

7月1日 10:00～
八坂神社

稚児《ちご》が二人の禿《かむろ》を従えて、町内役員と共に、初めて八坂神社を訪れる。昇殿してお祓いを受けた後、本殿を時計回りに3周しながら、正面と背後で柏手を打って御祭神への挨拶と祭り奉仕の無事を祈願する。

1 July: Naginata-Hoko-Cho Osendo

The *chigo* or sacred festival boy is accompanied by two *kamuro* or child escorts and community organizers on the *chigo's* first visit to Yasaka Shrine. The *chigo* enters the sanctum, is purified, and then circles the main shrine three times clockwise, clapping at the front and rear to greet the deity and pray for safe service to the festival.

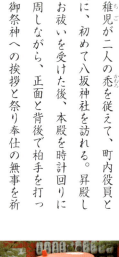

二階囃子《ばやし》

7月1日～
各山鉾町

吉符《きっぷ》入《いり》の済んだ山鉾町の会所２階で、揃いの浴衣を着た囃子方が集まり、祇園囃子の練習が始まる。通り掛かりの人々が足を止めて聞き入り、夕風に乗って流れてくるリズムに、祭りの実感が湧いてくる。

1 July onward: Nikai-Bayashi
With the Kippu-Iri completed, musicians in matching *yukata* clothing gather at the float district meeting halls to begin practicing the Gion-bayashi music on the 2nd floor or *nikai*. The music floats on the breeze, bringing pedestrians to a halt, as they enjoy the rhythm and sense the buildup to the main event.

くじ取り式

7月2日 10:00～
京都市役所

山鉾巡行の順番を決める儀式で、全山鉾町の役員が紋付袴姿の正装で、京都市役所の市会議場に集まる。奉行役を務める市長立ち会いの下でくじを引いていく。先頭を行く長刀鉾など、慣例で「くじ取らず」の山鉾もある。

2 July: Kujitori-Shiki
The lottery to decide the procession order of floats is held at Kyoto Council Chambers, with the city mayor as administrator. By custom, some floats – such as the perennial lead float Naginata-Hoko – do not have to draw straws.

山鉾連合会社参

7月2日 11:30〜

八坂神社

くじ取り式を済ませた関係者一同は、市役所を後にして、八坂神社に向かい、本殿に昇殿してお祓いを受け、祭りの無事催行を願う。山鉾巡行の順番を書いた奉書は、文箱に入れられ、町内へ大切に持ち帰られる。

2 July: Yama-Hoko-Rengo-Kai Shasan

With the lottery completed, organizers are purified at Yasaka Shrine and then pray for a safe procession.

船鉾《ふねほこ》神面改め

（非公開）

7月3日 10:00〜

船鉾会所

御神体（神功《じんぐう》皇后）に着ける神面をあらためる儀式で、町内役員が本面と写しの2面を箱から同時に出して無事を確かめる。本面には文安年間（1444〜49）の裏書きが残っている。

3 July: Fune-Hoko Shinmen Aratame

Community organizers simultaneously confirm the condition of the authentic mask and two reproductions to be used in the ceremony for masking the Fune-Hoko float's deity, Empress Jingu.

長刀鉾稚《ち》児《ご》舞《まい》披露

7月5日 15:00頃
長刀鉾会所

「吉符入《きっぷいり》」の儀式が済んだ後、稚児は禿《かむろ》を従え「太平の舞」を町内役員に初めて披露、助言と了承を得る。その後、祇園囃子《ばやし》とともに、町会所の２階から乗り出すように、舞を見物人に披露する。白塗りの化粧、萌葱《もえぎ》色の袴と孔雀の羽根の冠が美しい。

5 July: Naginata-Hoko Chigo-Mai Hirou

After the Kippu-Iri ceremony, the *chigo* boy and *kamuro* escorts perform for the first time the "*taihei-no-mai*" dance for community organizers, who give advice and approval. Following this, they dance to the music of the Gion-bayashi for onlookers.

綾傘鉾《あやかさほこ》稚児《ちご》結納・社参

7月7日 14:30～
八坂神社

昭和54年（1979）に復興した綾傘鉾の巡行は、町内役員と共に6人の稚児が先導する。5、6歳の少年たちが父親に付き添われ、烏帽子《えぼし》・狩衣《かりぎぬ》姿で八坂神社へ社参する。鉾町との縁組の「結納の儀」と「宣状の儀」を経て、稚児となる。

写真提供　綾傘鉾保存会

7 July: Ayakasa-Hoko Chigo Yuino and Shasan

Community organizers and six chigo or sacred festival boys lead the Ayakasa-Hoko float. Five-and-six-year-old boys wearing court noble hats and formal garments visit Yasaka Shrine, to participate in a gift exchanging ceremony for adoption into their float community and receive a certificate stating that they have become *chigo*.

みやび会お千度

7月上旬
八坂神社

京舞井上流に属する芸舞妓さんらでつくる「みやび会」の恒例行事。伎芸の上達を願って、揃いの浴衣で、社殿を巡り、昇殿してお祓いを受ける。華やいだ雰囲気に包まれ、見物人も多い。

Early July: Miyabi-Kai Osendo

This is a time-honored event by maiko (novice geisha) dancers of the Inoue style of Kyoto dance. With the hope of improving their art, the dancers, wearing matching *yukata*, visit Yasaka Shrine to be purified. Many people turn out to see the delightful gathering.

神《しん》用《よう》水《すい》清《きよ》祓《はらい》式《しき》

7月10日 10:00〜

四条大橋南側

夜の「神輿《みこし》洗式《あらいしき》」に使う神用水を、鴨川から汲み上げて準備する神事。四条大橋南側の東岸に設けられた祭壇前に、宮本組（祇園祭の神事に携わる中心的組織）の人々が集まり、桶に汲まれた神用水が八坂神社神職によってお祓いを受ける。神用水は、鴨川の東にある仲源寺に夜まで置かれる。

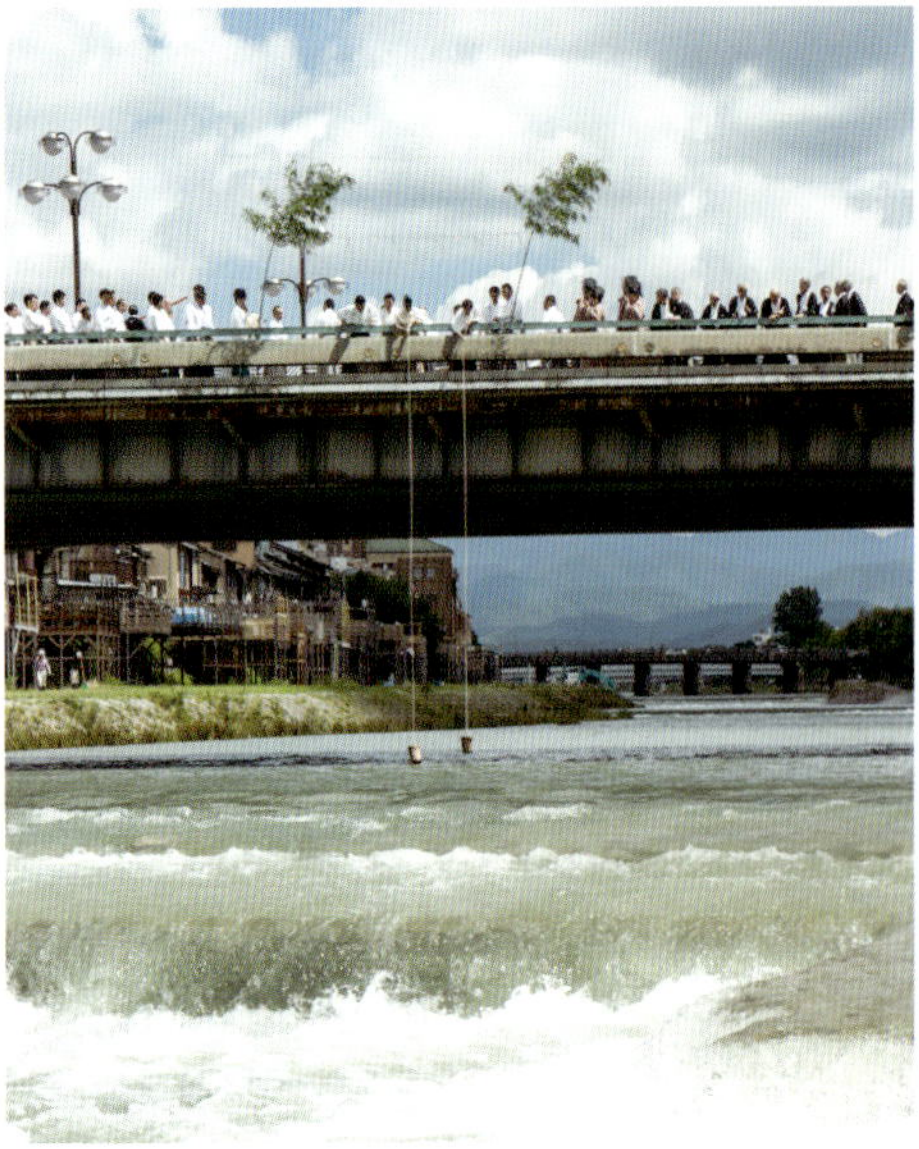

10 July: Shinyosui Kiyo-Harae-Shiki

This is a Shinto ritual in which water is drawn from the Kamo River as spiritual water (*shinyosui*) for the portable shrine (*mikoshi*) cleansing ceremony (*Mikoshi-Arai-Shiki*) that night.

清祓《きよはらい》（非公開）

7月10～22日
（各町により異なる）
各山鉾町

祭りの準備が進む各山鉾町を八坂神社神職が訪ね、無事を祈ってお祓いする。長刀鉾町では、祭壇の御幣などを事前に神職自らが出向いて調製し（幣切り）、準備。会所には所狭しと祭り道具などが並べられる。

10 to 22 July: Kiyo-Harai
Yasaka Shrine priests visit each of the float districts to pray and purify for safety.

長刀鉾町拝戴の儀（非公開）

7月10日
長刀鉾会所

鉾先に付けられる神剣を使い、町内役員のお祓いが行われる。元の太刀は平安時代の刀匠・三条小鍛冶《こかじ》宗近《むねちか》作で、愛娘の病気平癒を願って鍛造され、後に長刀鉾に奉納されたと伝わる。

10 July: Naginata-Hoko-Cho Osasuri-no-Gi
This is a ceremony to purify the community organizers using the divine blade that will be mounted on the float's pike *(hoko)*.

お迎提灯《むかえちょうちん》

7月10日 16:30～
八坂神社氏子区域

「神輿《みこし》洗式《あらいしき》」の神輿を迎えるための提灯行列で、祇園萬燈会のメンバー３００人ほどの奉仕によって行われる。児《こ》武者、鷺踊《さぎおどり》や小町踊の行列が繁華街を巡行した後、八坂神社の石段下で神輿を迎える。

10 July: Omukae Chochin
This is a lantern procession to greet the portable shrines (*mikoshi*) used in the *Mikoshi-Arai-Shiki* (cleansing ceremony). *Komusha* (child warriors), *sagi-odori* (dancing herons) and *komachi-odori* (dancing beauties) make up the procession that sways through the shopping streets, to wait at the bottom of Yasaka Shrine's stone steps for the arrival of the portable shrines.

神輿《みこし》洗式《あらいしき》

7月10日 19:00〜
八坂神社〜四条大橋

大松明が八坂神社から四条大橋まで進んで神輿の通り道を清めた後、３基の神輿のうち「中《なか》御《ご》座《ざ》」のみが代表して橋上でお祓いを受ける。神輿が据えられると、神職が手にした榊に神用水を含ませ大きく振りかざす。飛沫を浴びると厄除けになるといわれ、担ぎ手たちは、神妙に頭を下げる。

10 July: Mikoshi-Arai-Shiki

Of the three portable shrines, Nakagoza is purified on top of Shijo Bridge. And then, once all the portable shrines are in place, a Shinto priest sweeps a sacred branch of *sakaki* soaked in spiritual water over the portable shrines. Being sprayed by this water is said to ward off evil.

前祭　山鉾建て

7月10～14日
（各町により異なる）
各山鉾町

10～14日にかけ、鉾や山の組み立てが始まる。会所奥の蔵などに収められている部材が運び出され、町内役員と共に、大工方、手伝方らによって、釘を1本も使わない「縄絡み」などの伝統技法が駆使されて立ち上げられてゆく。懸装品が付けられて完成するまでに最長3日間を要する。

10 to 14 July: Saki-Matsuri Yama-Hoko Tate

The float components are brought out of storage to be assembled by community organizers and carpenters skillfully using just rope (no nails) to secure each joint.

前祭　曳《ひき》(舁《かき》)初《ぞ》め

7月12～13日
(各町により異なる)
前祭各山鉾町

3日がかりで組み上がった鉾と曳山が、囃子《はやし》方や音頭取りらも乗り込んで、本番さながらの試し曳きがされる行事。この時だけは飛び入りで曳綱を握ることができるので、近隣の子どもたちや見物人も参加して、にぎやかに行われる。

12 to 13 July: Saki-Matsuri Hikizome and Kakizome
In these trial float runs, the musicians and chorus leaders mount the pike-rigged floats and perform publicly. This is the only period the public can join in pulling the floats.

前祭 会所飾り

7月13〜16日
前祭各山鉾町

各町の会所には御神体や懸装品が飾られ、間近に見ることができる。山鉾にちなんだ、厄除け、縁結びなどのお守りや粽も授与される。祇園祭の粽は食用ではなく、「蘇《そ》民《みん》将《しょう》来《らいの》子《し》孫《そん》也《なり》」と書かれた護符と共に玄関上などに吊す。

13 to 16 July: Saki-Matsuri Kaisho-Kazari

In this event, objects of worship and decorations are laid out in the district meeting halls of each float so that the public can see them close up.

長刀鉾稚児社参

7月13日 11:00〜
八坂神社

白馬に乗った長刀鉾の稚児が、お供を従えて、八坂神社へ参詣する。昇殿して、10万石の大名と同じ供揃えを許された後は、17日の巡行が終わるまで地面に足を着けることを許されず、別火で食事し、身の回りの世話も父親が行う。

13 July: Naginata-Hoko Chigo Shasan

This is a ceremony in which the *chigo* or sacred festival boy on a white horse and a retinue of attendants visit Yasaka Shrine. After receiving a rank at the shrine, the *chigo's* feet must not touch the ground until the procession ends on the 17th.

13 July: Kuze-Komagata Chigo Shasan

Here, the Kuze-Komagata *chigo* boy is selected from among children under the protection of the Ayatokunaka Shrine, and this *chigo* will lead the Nakagoza portable shrine on *Shinkosai* procession day (17th) and on *Kankosai* return-trip procession day (24th).

久世稚児《くぜちご》社参

7月13日 14:00～

八坂神社

久世駒形稚児は、南区上久世町にある綾戸《あやと》國中《くなか》神社の氏子から選ばれ、神幸祭（17日）と還幸祭（24日）に中御座《なかござ》の神《み》輿《こし》を先導する。同社と八坂神社の御神体は同じ素戔嗚尊《すさのをのみこと》で、荒御魂《あらみたま》と和御魂《にぎみたま》が一体となって祭りが進行するという。

菊水鉾茶会

7月13～16日

菊水鉾会所

会所のあるビルの場所は、「菊水井」や、わび茶を利休に伝えた武野紹鷗《じょうおう》ゆかりの土地で、表千家・裏千家・遠州流の３流派の奉仕で行われる茶会。蒸し暑さの中での祭り見物に、一服の涼を得ることができる。

13 to 16 July: Kikusui-Hoko Chakai

This is a tea ceremony held by three tea schools (Omote Senke, Ura Senke and Enshuryu) on land famed for its association with the water-well known as Kikusuinoi and the tea master Takeno Jouou, now the site of a building used as the Kiusui-Hoko float district meeting hall.

祇園囃子《ばやし》

7月13～16日
前祭各山鉾町

「コンチキチン」と形容される祇園囃子は、力強く、また時には哀愁を伴って、鉦《かね》・太鼓・笛（能管）で奏でられる。能楽の影響を色濃く受け、室町末期から江戸期にかけて、現在のような曲に出来上がったといわれる。

13 to 16 July: Saki-Matsuri Gion-Bayashi
Played on cymbals, drums and flutes, this music resonates powerfully and, yet, at times, takes on a mournful refrain.

一里塚松飾式《いちりづかまつかざりしき》

（非公開）

7月14日
松原中之町会所

下京区松原中之町の会所奥にある素戔嗚尊《すさのをのみこと》を祀る祠に、松飾りや神饌《しんせん》を供えて行われる神事。当日は八坂神社の宮司や長刀鉾《なぎなたほこ》の稚児《ちご》・禿《かむろ》も招かれる。神事の後に、氷水で点てた薄茶で接待する習わしが続いている。

14 July: Ichirizuka Matsukazari-Shiki
This is a Shinto ritual where pine decorations as well as food and alcohol are laid out in a small shrine at the back of the Matsubara-Nakano-Cho district meeting hall. Yasaka Shrine's chief priest and the Naginata-Hoko float *chigo* or sacred festival boy also are invited to this ceremony.

前祭 宵山

7月14～16日
前祭各山鉾町

昼間の暑さもひと息。夕方から駒形提灯《こまがたちょうちん》に明かりが入り、祇園囃子《ばやし》が流れる。浴衣を着てうちわをあおぎながら、宵山の風情を楽しむ人たち。山鉾町の会所などでは子どもたちが「ろうそく一丁献じられましょう…」と、見物人にかわいい声で呼び掛ける。

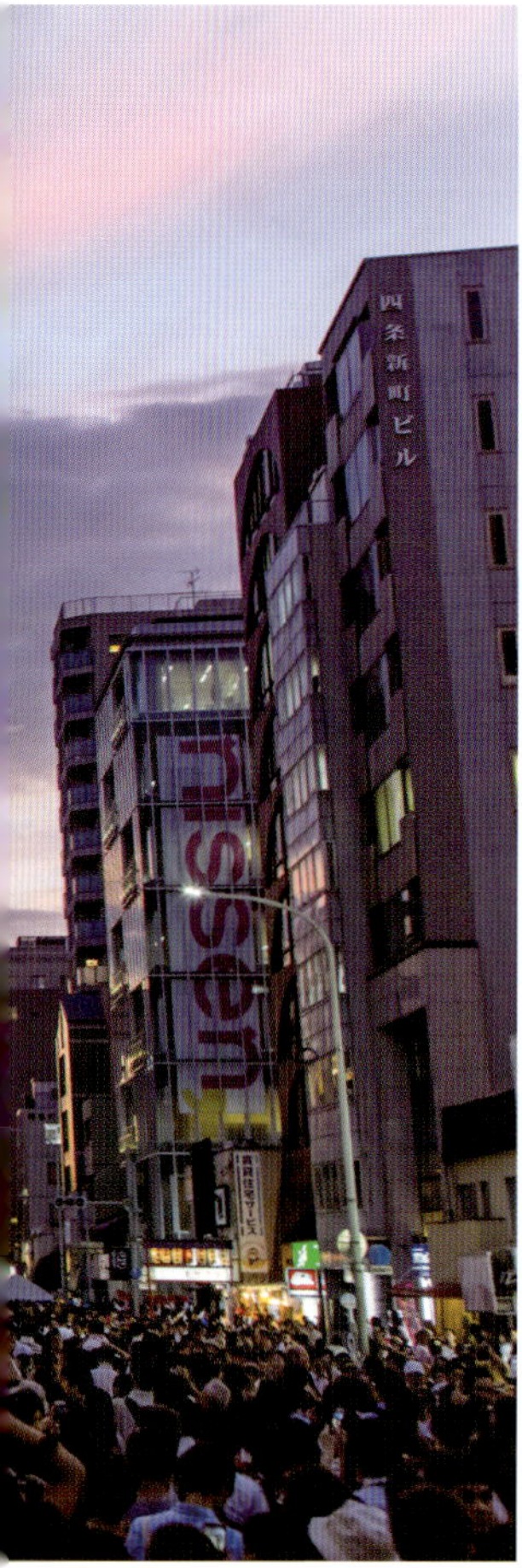

14 to 16 July: Saki-Matsuri Yoi-Yama

On these evenings, lanterns light up the night and Gion-bayashi music fills the air while people stroll in *yukata* summer kimonos, fanning themselves, as they peruse the floats.

前祭 屏風祭
7月14〜16日

宵山の期間には、通りに面した町家の格子が外され、秘蔵の屏風などが飾られる。奥の間で客人をもてなす様子も垣間見える。

14 to 16 July: Saki-Matsuri Byobu-Matsuri

During the Yoi-Yama part of the festival, certain homeowners in the float districts open up their houses to show off heirlooms such as folding screens (*byobu*). And, at float district meeting halls, decorations and objects of worship can be seen.

斎竹建て《いみたけ》

7月15日 5:00～
四条麩屋町

四条麩屋町には17日の巡行当日、注連縄《しめなわ》が張られる。長刀鉾の稚児《ちご》がそれを鉾上から太刀で切って、巡行路を開く。高橋町の人々が、その縄を張るための竹を準備する。

15 July: Imitake-Tate

Here, people prepare for the Shinto straw rope, which will stretch across Shijo Street on procession day (17th), to be cut by the *chigo* or sacred festival boy on the Naginata-Hoko float.

伝統芸能奉納

7月15日 15:00～
八坂神社

10日の神輿《みこし》洗式《あらいしき》ののち飾り付けられた3基の神輿が、舞殿に据えられている。その横の能舞台上で、日本伝統芸能団主催により、今様をはじめ、琵琶、詩吟、日本舞踊などが奉納される。

15 July: Dento-Geino Hono

This is a performance of various traditional arts that takes place on a stage next to the court music pavilion of the shrine where the three portable shrines used in the *Mikoshi-Arai-Shiki* stand.

献茶祭
7月16日 9:00～
八坂神社

表千家家元・裏千家家元が隔年交代で奉仕して行われる。昭和21年（1946）より表千家によって始められた行事で、八坂神社境内にある井戸から汲んだ水で濃茶を点て、神前に供える。

16 July: Kencha-Sai
The Omote Senke and Ura Senke tea schools alternate annually to prepare dark *matcha* tea using well water from the grounds of Yasaka Shrine and then offer it before the shrine altar.

無言詣
7月17～24日
八坂神社御旅所

17日から24日の間、四条大橋から御旅所までの途中で誰とも口を利かずに毎日神輿《みこし》にお参りすると願いがかなう、と祇園などの芸舞妓さんや一般の女性たちに信じられてきた。

17 to 24 July: Mugon-Mairi
Many geisha and ladies believe that if they walk from Shijo Bridge to Otabisho without saying a word to anyone between 17 and 24 July to pray to the portable shrines their prayers will be answered.

宵宮神賑奉納行事

7月16日 18:00～
祇園商店街

山鉾巡行、神幸祭を翌日に控え、八坂神社の主催で行われる奉納行事。四条通の祇園商店街に設けられたステージ上で、舞楽や京舞、子どもたちによる鷺踊《さぎおどり》などが続けて奉納され、華やかな雰囲気に包まれる。

16 July: Yoi-Miya Shinshin Hono Gyoji
For this event, a stage is set up on Shijo Street in the Gion area, and a succession of gorgeous performances are given, including court dances and music, Kyoto-style dancing and a heron dance performed by children.

石見神楽《いわみかぐら》

7月16日 18:30〜
八坂神社

京都島根県人会主催による石見神楽の奉納行事。素戔嗚《すさのをの》尊《みこと》が八岐大蛇《やまたのおろち》を退治する様子を神楽にしたもので、笛・太鼓・鉦《かね》の囃子《はやし》で演じる。大蛇が火を噴いて迎える断末魔の迫力に圧倒される。

July 16: Iwami-Kagura
This is a *kagura* sacred Shinto dance with music (flutes, drums, cymbals) showing how the deity Susanoo-no-Mikoto vanquished the eight-headed, eight-tailed serpent Yamata-no-Orochi.

船鉾《ふねほこ》御神体腹帯巻き

(非公開)
7月16日
船鉾会所

船鉾で宵山期間中などに授けられる腹帯は、巡行が済むまで町内で預かられる。16日の深夜、鉾の上に乗せられた神功《じんぐう》皇后の御神体に安産祈願を込め腹帯が幾重にも巻かれる。巡行後、祈願者に手渡される。

16 July: Fune-Hoko Goshintai Hara-Obi Maki
Late at night, a statue of Empress Jingu mounted on the Fune-Hoko is wrapped with an obi sash as an entreaty for safe birth. After the procession, the obi is passed through the hands of worshippers.

前祭　日和神楽《ひよりかぐら》

7月16日 22:00頃
各山鉾町～八坂神社御旅所

宵山のにぎわいが一段落したころ、町内から四条寺町の御旅所まで鉦《かね》や太鼓を載せた台車を引き、祇園囃子《ばやし》を奏でながら往復して奉納する。翌日の巡行が好天に恵まれるよう、願いを込める。

16 July: Saki-Matsuri Hiyori-Kagura
Here, musicians play instruments mounted on three small floats as they make their way along Shijo Street from Yasaka Shrine to Otabisho (Shijo Center) on the south side of the Shijo-Teramachi intersection and then back again.

【前祭】山鉾巡行

7月17日 9:00～
八坂神社氏子区域

各町内で早朝より準備を整えた山鉾が、四条烏丸を先頭に集合。午前9時、長刀鉾の音頭取りの掛け声「よーいよーい、えんやらやー」とともに山鉾巡行が始まる。四条通を東へ、「辻廻《つじまわ》し」をして河原町通を北上、さらに御池通を西へ向かう。

17 July: Saki-Matsuri Yama-Hoko Junko

At 9:00am, the floats - led by Naginata-Hoko - start off on the festival procession, heading eastward along Shijo Street, turning left to head north on Kawaramachi Street before turning left again to head west on Oike Street.

くじ改め

7月17日
四条堺町

山鉾巡行の順番が、くじ取り式で決まった通り運行しているかをあらためる儀式。四条堺町に設けられた関所で、奉行役を務める京都市長が各山鉾町の行司が差し出した文箱に入ったくじ札を見定める。通行の許しを得ると、町行司は山鉾に向けて扇子を広げて進行の合図を送る。

17 July: Kuji-Aratame

This is a ceremony to reconfirm the order of the floats as per the lottery held at Council Chambers. The Mayor of Kyoto takes the role of magistrate at a checkpoint set up at the Shijo-Sakaimachi intersection to visually recheck the order as per the ceremonial listing. If the order is correct, an opened fan will be raised as a signal for the float to move on.

注《し》連《め》縄《なわ》切り

7月17日
四条麩屋町

四条麩屋町に渡された注連縄を太刀で切る巡行のハイライト。長刀鉾が近づくと、裃《かみしも》姿の高橋町の人々が道路と注連縄を塩で清めて準備を整える。美しく装った稚児《ちご》が鉾上で立ち上がり、注連縄に太刀を振り下ろす。切れた瞬間、周りからは大きな歓声と拍手が湧き上がる。

17 July: Shime-Nawa Kiri

This is one of the highlights of the procession, with the *chigo* or sacred festival boy onboard the sublimely decorated Naginata-Hoko float using a sword to cut the Shinto straw rope and start the procession.

辻廻し

7月17日
四条河原町他

注連縄切りの後、山鉾は四条通を東に進み、河原町通の交差点で北へ向かうための方向転換を行う。

これが辻廻しだ。濡らした青竹(割竹)を車輪の下に入れ込むことで、車輪を滑らせて方向を変える。お囃子も戻り囃子というテンポの早いものに変わるので要チェックだ。

Turning Corners (Tsuji-mawasi)
Here, green bamboo slats are wetted and placed under float wheels to slide each float around corners.

神幸祭

7月17日 18:00〜
八坂神社氏子区域

祇園祭の神髄は、八坂神社の御祭神が乗る神輿《みこし》渡御にあるといわれる。夕刻、八坂神社の本殿で祭典が行われ、3基の神輿が舞殿から下ろされて、舞殿を3周した後、それぞれ所定の氏子区域を巡る。神輿が祇園石段下で「差し上げ」をして出発する様子は、大迫力で見応えがある。乗馬姿の久世稚児《くぜちご》は、中御座《なかござ》の神輿と共に参向する決まりになっている。

17 July: Shinko-Sai

It is said that the true essence of the Gion Festival is the transfer of the three portable shrines holding the deity that Yasaka Shrine is dedicated to. On the evening of the 17th, a festival is held at the main shrine of Yasaka Shrine, with the three portable shrines being brought down from the court music pavilion, paraded around the main shrine three times before going on a procession through each of the designated areas where people are under the protection of the deity.

後祭 山鉾建て

7月18 〜 21日

（各町により異なる）

後祭　各山鉾町

18〜21日にかけ、鉾や山の組み立てが始まる。会所奥の蔵などに収められている部材が運び出され、町内役員と共に、大工方、手伝方らによって、釘を1本も使わない「縄絡み」などの伝統技法が駆使されて立ち上げられてゆく。懸装品が付けられて完成するまでに最長3日間を要する。

18 to 21 July: Ato-Matsuri Yama-Hoko Tate

The float components are brought out of storage to be assembled by community organizers and carpenters skillfully using just rope (no nails) to secure each joint.

後祭 曳《ひき》(舁《かき》)初《ぞ》め
7月20日
（各町により異なる）
後祭　各山鉾町

3日がかりで組み上がった鉾と曳山が、囃子《はやし》方や音頭取りらも乗り込んで、本番さながら試し曳きされる行事。この時だけは飛び入りで曳綱を握ることができるので、近隣の子どもたちや見物人も参加して、にぎやかに行われる。

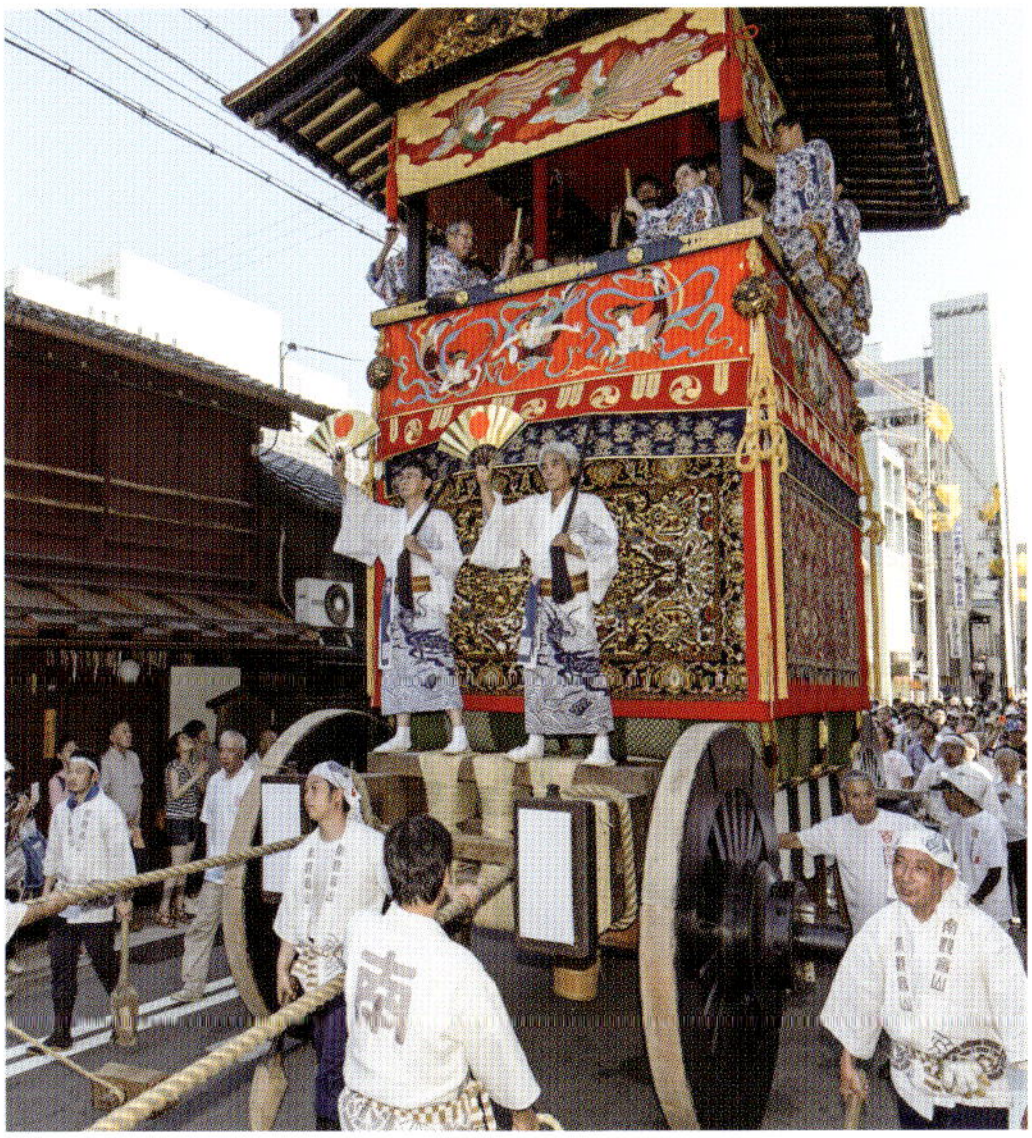

20 July: Ato-Matsuri Hikizome and Kakizome

In these trial float runs, the musicians and chorus leaders mount the pike-rigged floats and perform publicly. This is the only period the public can join in pulling the floats.

後祭 宵山

7月21〜23日

後祭各山鉾町

21日から23日までが後祭の宵山。夕方から10基の山鉾に駒形提灯が点され、祭の雰囲気が高まる。

21 to 23 July: Ato-Matsuri Yoi-Yama

On these evenings, lanterns light up the night and Gion-bayashi music fills the air while people stroll in *yukata* summer kimonos, fanning themselves, as they peruse the floats.

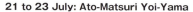

後祭 屏風祭

7月21～23日

21日から23日まで、山鉾町の旧家・老舗などが屏風、書画、美術工芸品などを通行人に披露する。

21 to 23 July: Ato-Matsuri Byobu-Matsuri

During the Yoi-Yama part of the festival, certain homeowners in the float districts open up their houses to show off heirlooms such as folding screens ***(byobu)***. And, at float district meeting halls, decorations and objects of worship can be seen.

あばれ観音

7月23日 23:00頃
南観音山会所

日和《ひより》神楽《かぐら》から戻った囃子《はやし》方が、南観音山の本尊「揚柳《ようりゅう》観音」を台座にぐるぐる巻きに固定して、山の周りと町内を激しく担ぎ回る珍しい行事。深夜に関わらず大勢の見物人が取り囲む。

23 July: Abare-Kannon
This is an unusual event where the Minami-Kannon (Goddess of Mercy) is bound to a palanquin and pitched intensely as it is carried around the Minami-Kannon-Yama float and the local district.

日和神楽《ひよりかぐら》

7月23日 22:00頃
各山鉾町～八坂神社御旅所

宵山のにぎわいが一段落したころ、町内から四条寺町の御旅所まで鉦《かね》や太鼓を載せた台車を引き、祇園囃子《ばやし》を奏でながら往復して奉納する。翌日の巡行が好天に恵まれるよう、願いを込める。

23 July: Ato-Matsuri Hiyori-Kagura
Here, musicians play instruments mounted on three small floats as they make their way along Shijo Street from Yasaka Shrine to Otabisho (Shijo Center) on the south side of the Shijo-Teramachi intersection and then back again.

役《えんの》行《ぎょう》者《じゃ》山《やま》護《ご》摩《ま》焚《たき》供《く》養《よう》

7月23日 14:00頃
役行者町

聖護院の山伏30人ほどが、午後1時ごろに六角堂を出発し、浄妙山などを回った後、役行者山に出向く。そして山の南側に設けられた臨時の護摩壇に点火、願いが書かれた護摩木を焚き上げて、祭りの安全を祈願する。

23 July: Ennogyoja-Yama Goma-Taki Kuyo

Here, some 30 mountain priests from the Shogoin Temple proceed to the Ennogyoja-Yama float, where they light a fire altar and burn cedar sticks with requests written on them, to pray for the safety of the festival.

【後祭】煎茶献茶祭

7月23日 9:00〜
八坂神社

京都の煎茶道家元の輪番奉仕で行われる。16日に八坂神社の本殿で行われた表千家・裏千家（隔年交代で奉仕）の献茶祭と同様、煎茶の家元6流による輪番で、煎茶が3服、それぞれ神前に供えられる。

23 July: Ato-Matsuri Sencha Kencha-Sai

Like the Kencha-Sai held on the 16th, six *sencha* tea schools take turns to hold a tea ceremony every year, with three bags of *sencha* tea being offered before each altar.

後祭　山鉾巡行
7月24日 9:30～
八坂神社氏子区内

後祭では10基の山鉾が烏丸御池を午前9時30分に出発。河原町御池、四条河原町を巡って、11時20分頃に四条烏丸に到着する。

Yama-Hoko Junko Float Parade in Ato-Matsuri on 24 July

In the Ato-Matsuri (latter parade), ten Yama-Hoko floats will start off at 9:30 am from the junction of Karasuma-Oike on a parade, proceeding to the junction of Kawaramachi-Oike and then parading down to the junction of Shijo-Kawaramachi before arriving at the junction of Shijo-Karasuma at about 1:20 pm.

くじ改め

7月24日 10:00頃
京都市役所前

10基の山鉾があらかじめくじで決まった順番どおりに進んでいるか改める。奉行役は京都市長が務める。

24 July: Kuji-Aratame

This is a ceremony to reconfirm the order of the floats as per the lottery held at Council Chambers. The Mayor of Kyoto takes the role of magistrate at a checkpoint set up at the Shijo-Sakaimachi intersection to visually recheck the order as per the ceremonial listing. If the order is correct, an opened fan will be raised as a signal for the float to move on.

辻廻し

7月24日
河原町御池他

音頭取りの扇子さばきと掛け声に力を合わせ、水のまかれた青竹の上を車輪が滑り山鉾の方向転換が行なわれる。

Turning Corners (Tsuji-mawasi)

Here, green bamboo slats are wetted and placed under float wheels to slide each float around corners.

花傘巡行

7月24日 10:00～
八坂神社氏子区域

現在24日10時から行われている。花傘、子ども御輿、獅子舞、鷺踊、馬長稚児、花街屋台など、約８００～１０００人の華やかな行列が、八坂神社を出発して四条御旅所、京都市役所、河原町から八坂神社へ帰る。

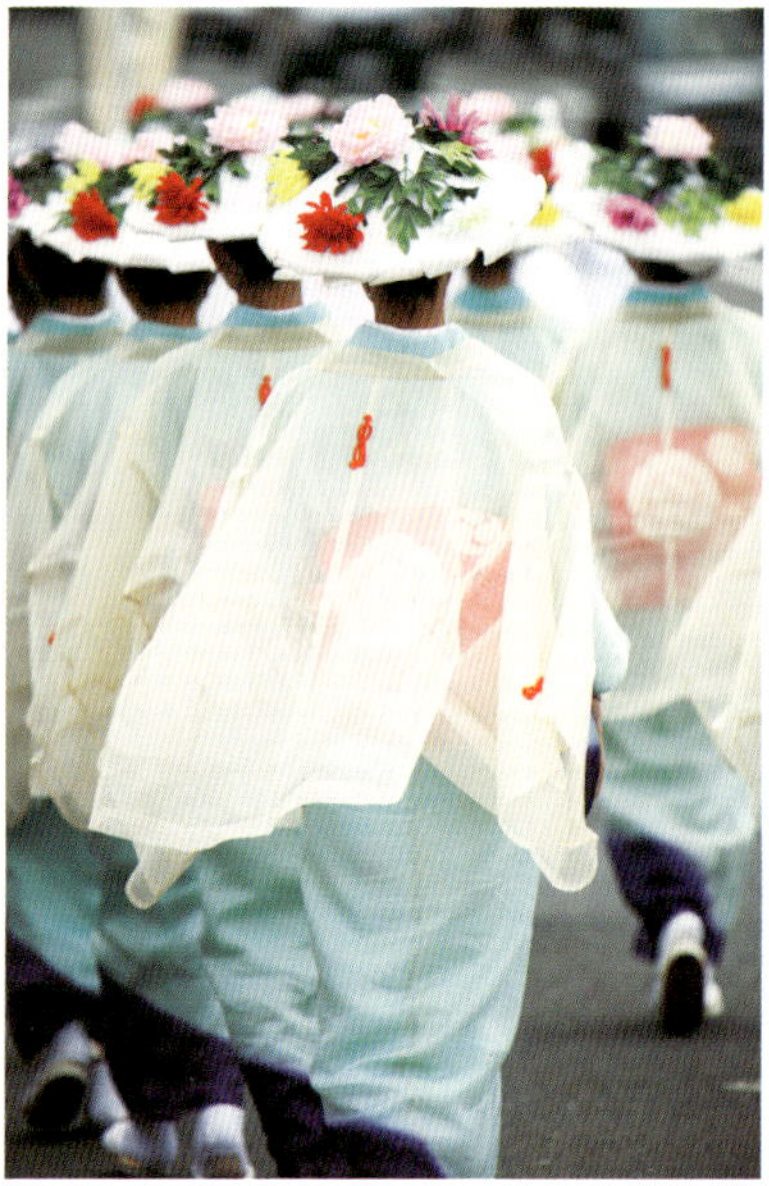

24 July: Hanagasa-Junko

Here, a procession of some 1,000 people – including *maiko* (novice geisha), musicians, dancers and the Kasa-Hoko float - wind their way along streets like Shijo and Kawaramachi before reaching Yasaka Shrine.

還幸祭

7月24日 17:00～
八坂神社氏子区域

17日から四条寺町の御旅所に据えられてきた3基の神輿《みこし》は、中御座《なかござ》、東御座《ひがしござ》、西御座《にしござ》の順で運び出され、神幸祭より範囲を広げて渡御する。中御座のみが訪れる神泉苑は祇園祭のルーツとなった場所で、鳥居正面に据えられた神輿に向かって神仏両方の儀式が営まれる。

米飯にごま塩をかけ、たくあん・梅干を添えて竹皮でくるんだ中御座のみこし弁当

24 July: Kanko-Sai

The three portable shrines that have been in place in Otabisho since the 17th are brought out one by one in the order of Nakagoza, Higashigoza and then Nishigoza and carried back in procession to Yasaka Shrine.

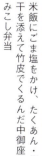

神輿《みこし》洗式《あらいしき》

7月28日 18:00〜
四条通〜八坂神社

四条大橋からその日の朝に汲み上げた水を神用水として、神輿や周囲の人々に振り掛けて清める。神用水がかかると厄除や疫病除けになるという。19時頃に大松明が点され，20時30分頃に八坂神社に戻り、神輿庫に納める。

28 July: Mikoshi-Arai-Shiki

Of the three portable shrines, Nakagoza is purified on top of Shijo Bridge. And then, once all the portable shrines are in place, a Shinto priest sweeps a sacred branch of *sakaki* soaked in spiritual water over the portable shrines. Being sprayed by this water is said to ward off evil.

神事済奉告祭

7月29日 16:00〜
八坂神社

八坂神社の氏子で祇園祭の神事運営の中心となる組織「宮本組」が参列し、祭りの終了を神前に奉告し、神徳に感謝する。

29 July: Shinji-Zumi Hokoku-Sai

Festival organizers visit Yasaka Shrine to report the conclusion of the festival and show gratitude for the benevolence of the deity.

疫神社《えきじんじゃ》夏越祭《なごしさい》

7月31日 10:00〜

疫神社

祇園祭の締めくくりとして、八坂神社境内の疫神社で、祭り関係者らが参列して行われる。鳥居に付けられた約２メートルの茅輪《ちのわ》をくぐり、１カ月にわたる祭事が無事終了したことを感謝し、無病息災を願う。

31 July: Eki-Jinja Nagoshi-Sai

This is the final part of the festival. Organizers pass through a large straw hoop hung from the *torii* gateway of Eki-Jinja Shrine, to offer gratitude for the safe conclusion of the month-long festival and to pray for good health.

山鉾編

絢爛豪華、美の共演

祇園祭の山と鉾

現在、祇園祭の巡行には、前祭に23基、後祭には10基の山鉾と1基の唐櫃が参加する。山や鉾は、毎年多くの人々の手により、蔵出し、組み立て、巡行、解体、収蔵が行われる。一つの山鉾に関わる人々のおおまかな構成は、保存会や町内の役員をはじめ、大工方、手伝方、車方、さらに囃子《はやし》方など。先頭の長刀鉾ではこの他、稚児《ちご》係や化粧方など、各自がさまざまな技量を発揮して伝統行事を支えている。

山鉾の構成は、鉾8基、傘鉾2基、曳山《ひきやま》（鉾と同じ形態で車輪が付く）3基、山20基。鉾の高さは約25メートル（船鉾、大船鉾を除く）、重さは約10トン。曳山は高さ約15メートル、重量は鉾よりも少し軽い。いずれも、直径約2メートルほどの木製の車輪が付いている。巡行当日、鉾や曳山には40人ほどの囃子方が乗り、笛・太鼓・鉦《かね》で優雅な祇園囃子を奏でる。一方、山は重さ約0.5～1トンで、20人ほどの舁《かき》方がつく。現在は補助的に車輪が付いているが、要所要所で山を舁いて見物人に披露する。

山鉾建ては、「縄絡《なわがら》み」という伝統的な技法で1本の釘も使わずに各部材を組んでいく。横倒しにした櫓に真木《しんぎ》を挿して立ち上げ、石持や車輪を付け、屋根や天井など、パズルを組み合わせるような作業が続いて出来上がる。そびえ立った鉾の「辻廻《つじまわ》し」では、「縄絡み」などがスプリングの役目を果たし、柔構造になった胴体は、しなるものの倒れることなく方向転換が可能となる。

山鉾の構造

鉾
鉾頭《ほこがしら》
竹真木《たけしんぎ》
吹散《ふきちり》
小屋根《こやね》
天王人形《てんのうにんぎょう》
天王台《てんのうだい》
真木《しんぎ》
赤熊《しゃぐま》
榊《さかき》
角幡《かくばた》
赤熊垂《しゃぐまだ》れ
命綱《いのちづな》
網隠《あみかく》し
押絵紋《おしえもん》
箱棟《はこむね》
鳥衾《とりぶすま》
鰭《ひれ》
破風《はふ》
天水引《てんみずひき》
欄縁《らんぶち》
下水引《したみずひき》
胴懸《どうかけ》
垂木《たるき》
御幣《ごへい》
角房《すみふさ》
前懸《まえかけ》
車輪《しゃりん》
裾幕《すそまく》
車軸《しゃじく》
石持《いしもち》

山

真松《しんまつ》
見送掛鳥居《みおくりかけとりい》
見送《みおくり》
朱傘《しゅがさ》
御神体人形《ごしんたいにんぎょう》
山籠《やまかご》
欄縁《らんぶち》
御幣《ごへい》
水引《みずひき》
角房《すみふさ》
前懸《まえかけ》
角房掛金具《すみふさかけかなぐ》
胴懸《どうかけ》
裾幕《すそまく》
轅《ながえ》

前祭の山鉾

前祭の23基のうち、くじ取らずは１番の長刀鉾、５番の函谷鉾、21番の放下鉾、22番の岩戸山、23番の船鉾。

長刀鉾

Naginata-Hoko

「くじ取らず」の一番鉾として、常に山鉾巡行の先頭を進む。真《しん》木《ぎ》の鉾頭には疫病を祓う大長刀を付けるため「長刀鉾」の名がある。元は平安時代の刀工・三条小鍛冶宗近《こかじむねちか》が娘の病気平癒を願って鍛えた長刀が付けられていた。現在では唯一生稚児《いきちご》が禿《かむろ》二人を従えて乗り、巡行では「注連縄《しめなわ》切り」の大役を果たす。江戸時代の画家・伊藤若冲の生誕３００年と長刀鉾保存会財団設立50年を記念して、２０１６年に見送を新調した。若冲の「旭日鳳凰図」は綴織で原画を忠実に再現している。

四条通を東行してきた鉾は、「辻廻し」の妙技で方向転換、河原町通を北へ巡行する。前懸はペルシャ製の花紋絨毯。音頭取りの扇子などの「長」の文字が目に入る

This always leads the procession. Currently, this is the only float to carry a living *chigo* boy. He plays a big role, performing the *chigo* dance and cutting the Shinto straw rope at the start of the procession.

囃子方が腰掛ける欄縁の下の水引には、力強く駆ける伝説の霊獣「麒麟（きりん）」の姿が見られる

山鉾巡行を前に、豪華な鳳凰の飾天冠を載せて金襴錦の衣装を着た稚児は、強力（ごうりき）の肩に担がれ鉾上へと昇る

囃子方が乗る鉾の舞台の天井裏回りには、28の星座が描かれ、破風裏には、祓いの舞楽「厭舞（えんぶ）」の２体の人形

伊藤若冲生誕300年、長刀鉾保存会財団設立50年を記念して、平成28年（2016）に若冲の「旭日鳳凰図」（宝暦5年・1755）を原図に綴織で見送を新調した

函谷鉾

Kanko-Hoko

鉾の名前は、中国の戦国時代（紀元前5～紀元前3世紀）の斉の孟嘗《もうしょう》君《くん》が、秦の昭王に幽閉されたが脱出に成功、函谷関《かんこくかん》まで来た時、家来に命じて鶏の鳴き声をまねさせ、未明にもかかわらず門が開かれて通過できたという故事に基づく。鉾の真木《しんぎ》の天王座には、江戸時代に作られた孟嘗君の人形が飾られる。大屋根の軒裏には、明治画壇の今尾景年による「鶏鴉図《けいあず》」が描かれている。

鉾は天明の大火（天明８年〈1788〉）で焼け50年間巡行できなかったが、天保10年（1839）に再建された

This float's name is based on a Chinese Warring States fable. The *tennoza* or throne of the pike shaft is decorated with a doll of a Chinese warlord, made in the Edo period.

稚児人形は「嘉多丸」と呼ばれ、一条実良（明治天皇皇后の兄）をモデルにして作られた、人形稚児の第1号

染織家・山鹿清華の「群鶏図」の下水引。胴懸には朝鮮・李朝、コーカサス、中国、それぞれの絨毯3枚継ぎ

見送は、弘法大師の真筆と伝える「金剛界礼懺文（らいさんもん）」を、天保10年（1840）に模織した

前懸は16世紀のベルギー製タペストリーで、旧約聖書「創世記」の「イサクに水を供するリベカ」。重要文化財。現在は平成18年（2006）にできた復元新調品を掛けて巡行する

菊水鉾

Kikusui-Hoko

町内に古くからあった「菊水井」にちなんで名付けられた鉾で、元治元年（１８６４）の蛤御門の変による大火で大半が焼失。その後、町内に住む商人・松本元治氏らの悲願により、昭和27年（１９５２）、88年ぶりに再興を果たした〝昭和の鉾〟。鉾頭には金の透かし彫、16弁の菊花が光る。稚児《ちご》人形は、菊の露を飲んで長寿を保ったという中国の故事にちなむ、能『枕慈童』の姿。

2013（平成25）年から前懸・胴懸・後懸の四方の幕を狩野岑信の「七福神図巻」に新調。平成29年に四面すべて新調の幕となった。

This float derives its name from the Kikusui well that existed in the float's home district from long ago. The float's frame sparkles with gold openwork engravings of 16 chrysanthemums (*kiku*).

2人の音頭取りは、菊葉形のうちわを手にする。前懸は、5羽の鶴と太陽が大胆にあしらわれた瑞祥柄

唐破風の屋根に特徴があり、正面には極彩色の鳳凰が前を見据える

房掛は、ランの花を球形にデザインしたもので、その先に菊花飾結びの薬玉を下げる

菊水鉾は再興までに長い中断期間があり、祇園囃子が伝承されていなかったので、月鉾の囃子方13人が移って協力することになった

月鉾

Tsuki-Hoko

鉾頭に三日月を付け、真木《しんぎ》の天王座には月読尊《つきよみのみこと》を祀る。高さ約27メートル、重さ約11トンで、山鉾の中で一番高く、一番重い。懸装品も見応えがある。前懸は、17世紀のインドのメダリオン（円形模様）の絨毯《じゅうたん》で、えんじ色と細かい花柄が、異国情緒を駆り立ててきた。かつては稚児《ちご》が乗っていた記録もあるが、現在は「於菟麿《おとまろ》」と呼ばれる豪華な美少年の人形が巡行に華を添える。

音頭取りは、3本足のカラスを黒く染めた浴衣に帯を締め、三日月をあしらった扇をかざす。月鉾町は、古くは「扇の座町」と呼ばれた

This is topped by a crescent moon and has the Shinto god of the moon enshrined on the throne of the pike shaft. It is the tallest and heaviest, at about 27 meters high and 11 tons in weight.

月鉾のみならず、山鉾に施された装飾の見事さは、細部に宿るといってよい。天井裏の草木図には円山応挙の落款があり、荒波とウサギの彫刻は左甚五郎の作と伝える

漆塗りに金の箔押をした房掛は、桃とコウモリをデザインした異色のもの

天井の周囲には、金地の箔に「源氏物語五十四帖」をテーマにした扇面散図が描かれている

車方の紺の法被の襟には「月鉾」の文字、背には丸に荒波と三日月が染め抜かれている。手にしたコテを車輪に差し込んで、鉾の進行方向などを調節する

雄鶏を載せた天冠を頭に、羯鼓（かっこ）をバチで打つ姿の稚児人形。名はないが、少し大人びた表情と、わずかに開いた口から歯をのぞかせているのが特徴

鶏鉾

Niwatori-Hoko

中国の堯《ぎょう》（伝説上の聖王）の時代、天下がよく治まって訴訟用の太鼓が必要なくなり、鶏が巣を作ったという故事に基づくとされる。真木《しんぎ》には、航海の神・住吉明神を祀っている。天水引を新調したのに続き、二番・三番水引を現在新調している。二〇二一（令和3）年にお披露めする予定。見送のベルギー製タペストリーは重要文化財。

In the time of the legendary Chinese leader Gyo, peace was so lasting that the drum of Law became redundant, and a hen nested there. This fable is said to be the origin of Niwatori-Hoko (hen float).

御池通を西行し、新町通との角で「辻廻し」をして南下する。下水引は、松村呉春下絵の「唐宮廷図」、その下には春秋の蝶の刺繍など。前懸・胴懸はインド製絨毯

見送の図柄は、ホメロスの叙事詩『イリアス』より、トロイア戦争の一場面「ヘクトルと妻子との別れ」（復元新調品）

天水引は下河辺玉鉉、下水引は松村呉春、松村景文など四条派の画家の下絵によるもの

「辻廻し」を前に、割竹を敷いて準備する車方。大きな車輪を載せた後、太い縄で車の動きを止める。水をまいた竹の上を滑らせるように鉾を曳いて方向を変える

胴懸はインド製の中東蓮花葉紋絨毯で、復元新調品。水引、房、音頭取りの浴衣の色合いが調和し、涼やかなイメージを受ける

放下鉾

Hōka-Hoko

「放下」とは禅の言葉で「ほうげ」と読み、無心の境地となって執着しないことをいう。この鉾が創建された当時は、曲芸をして仏法を説く放下僧が人気を博していたといわれる。鉾頭の日・月・星の三光が下界を照らし、その形が洲浜に似ていることから、別名「洲浜《すはま》鉾」とも呼ばれる。かつては生稚児《いきちご》が乗って巡行したが、昭和4年（1929）以降は稚児人形が代わりを務めている。

"Hoka" is a Zen word read as "hoge" which means the casting off of one's attachments. The float is topped by discs representing sun, moon and stars shining down on the world.

巡行途中で、稚児人形「三光丸」が3人の人形方によって稚児舞を披露するのが特徴

鉾建てを終え、曳き初めを待つ。えんじ色のインド製花模様絨毯の前懸（復元新調品）に萌葱（もえぎ）色の房の組み合わせが美しい

見送は、皆川泰蔵作、紺色臈纈（ろうけつ）染の「バグダッド」。モスクを背景に、大きく羽根を広げたフクロウが目を惹く

音頭取りは、鉾頭の「洲浜」を染め抜いた萌葱色の浴衣姿。表は金地、裏は銀地に、赤い洲浜紋の扇を使う

岩戸山

Iwato-Yama

山名の由来は、「天の岩戸」を開いて天照大神《あまてらすおおみかみ》を出現させる日本神話に基づいている。鉾と同様に大きな車輪を付けた曳山《ひきやま》で、室町時代に改造された。鉾の真木《しんぎ》にあたる部分に真松を立てる。３体の御神体のうち、陣羽織姿の伊弉諾尊《いざなぎのみこと》を屋根に乗せる。男神の姿で円鏡を掛けた天照大神、力持ちの手《た》力男命《ちからおのみこと》の２体は、山の室内で囃子《はやし》方に囲まれている。

鳳凰紋の下水引は、近年の復元新調品。胴懸はインド製の唐草紋様絨毯。前懸には、中国では吉祥図案とされる玉取獅子が見える

The name comes from the legend about Amaterasu-Omikami, the sun goddess who emerged from a cave with the opening of the cave's rock door (*iwato*). Like the hoko, this is a large-wheeled, pulled float.

屋根の上、真松の前に立つ伊弉諾尊。金色の目、髭をたくわえ、陣羽織も勇ましく、矛を手にして、空を駆けているようでもある

宵山中の会所飾りでは、鳥居と榊に囲まれた3体の御神体が祀られる。右の見送は、皆川泰蔵作「ヴェネチア」

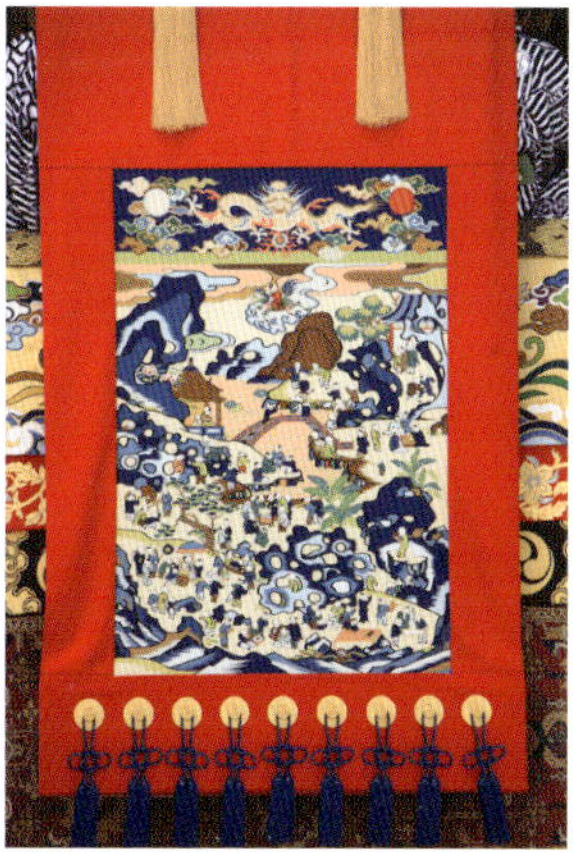

見送は、昭和61年（1986）に色鮮やかに復元新調した「日月龍百人唐子嬉遊図」の絨毯

山鉾の「辻廻し」は、音頭取りの掛け声で、車方、曳き手らが息を合わせ、一気に曳いて方向を変える

船鉾

Fune-Hoko

朱漆塗りの高欄の周りに座って囃子を奏でる。後尾には2本の旗竿が立ち、吹き流しが風を受けるといっそう動きを感じる

神功《じんぐう》皇后の説話を基に、船形に作られたユニークな姿の鉾。後祭の大船鉾が復興して「出陣船鉾」「凱旋《がいせん》船鉾」の2基がそろった。波高い海原を勇ましく進むように、大きな羽根を広げた金色の瑞鳥「鷁」が船首に飾られている。船の上には、神面を着けた神功皇后が、住吉明神、鹿島明神、龍神・安曇磯良《あずみのいそら》の神像を従えて巡行する。皇后は身ごもりながら出陣して、戦勝後無事に皇子を出産したところから、安産の神とされる。

This float takes the form of a ship, which, legend has it, carried the Empress Jingu. Its figurehead is an auspicious bird, soaring, wings spread. Empress Jingu is the goddess of safe birth.

横から見た船鉾の全容。懸装品に隠れて見えない土台は「石持」と呼ばれ、重く頑丈な木材。その上に、1本の釘も使わず「縄絡み」などの伝統技法で船体が組まれている

櫓の高欄下の腰板には、鳳凰、麒麟（きりん）を刺繍した豪華な水引。黒漆塗りの大舵には、青貝で飛龍の螺鈿（らでん）が施されている

屋形内部の天井には、格子状にシュンラン、ツバキ、梅、桜など四季の花が20種類、円紋に描かれている

会所に祀られた神功皇后の御神体。神面は本面と写しの2面あり、毎年7月3日、会所で「神面改め」の儀式が厳粛に行われる（非公開）

船首の前懸は、中国の明・清時代の龍と鶴紋様を復元新調した、山鹿清華作の綴錦を掛けて巡行する

山伏山

Yamabushi-Yama

御神体に山伏の浄蔵《じょうぞう》貴《き》所《しょ》。右手に斧、左手に数珠、腰に法螺《ほら》貝《がい》を着ける。八坂塔（法観寺）の傾きを法力で戻したり、息を引き取った父親をよみがえらせるなど、多くの逸話を持つ。神仏分離以前の信仰を伝える。

正面水引は「雲龍麒麟（きりん）桐竹図」、前懸には五爪雲龍紋が刺繍で描かれている

他の山では四隅のみの飾房が、周囲の水引や胴懸などにも下がっているのが特徴

宵山の会所飾りは、間近で懸装品などを見る絶好の機会である。右は、巡行で山を飾る色鮮やかな中国・明代「飛龍波濤図」の見送（復元新調品）

Yamabushi means mountain priest. And this float's deity is the yamabushi Jozokisho, depicted with axe and prayer beads in hands and conch horn on lap. He is fabled as a miracle worker.

孟宗山

Moso-Yama

中国の説話「二十四孝」を基に、雪の中で孟宗が、病身の母親のためにタケノコを掘り当てた姿を表し、別名「筍山《たけのこやま》」とも呼ばれる。御神体は、江戸時代の七条大仏師・左京康朝の作といわれる。左右の胴懸には、平山郁夫の原画による織物が新調された。

前懸は中国の雲龍紋。欄縁金具と水引は、群鳥が飛翔する絵柄で、全体に明るい色調でまとめられている

見送は、日本画家・竹内栖鳳が喜寿の折に描いた墨絵の「孟宗竹藪林図」を綴織で表現した。他の山鉾の極彩色の中にあって異色を放つ

烏丸通から入った路地の中、周りをビルに囲まれての会所飾り。古き京都の風情が感じられる

This float is based on the Chinese tale about the dutiful son Moso who dug for and miraculously found bamboo shoots in thick snow for his sick mother.

太子山

Taishi-Yama

聖徳太子を御神体に祀る山。四天王寺建立にあたり、自ら良材を求めて山中に入ったという伝説にちなみ、普通は松を使う真木がこの山のみ杉である。２０１８年に胴懸２枚を２４３年ぶりに新調した。ベトナムで１枚につき１年６カ月かけて制作したベトナム刺繍の胴懸。「生命の樹」「クジャク」をテーマに、金糸と絹糸で植物などを華麗に表現している。

水引は「七宝編み」と呼ばれる組紐で、下地を透かして見せる演出。

山の四隅には、爪を立てて口を開けながら飛び出そうとする、迫力ある飛龍の房掛を付ける

前懸は、緋色の羅紗地に秦の始皇帝と阿房宮を描いた図柄で、平成11年（1999）に復元新調された

Carrying the deified figure of Shotoku Taishi (a famed 6th c. prince regent), this float depicts a tale about him personally selecting materials for construction of the temple Shitennoji.

郭巨山

Kakkyo-Yama

中国の説話「二十四孝」の一つをテーマにしたもので、郭巨《かっきょ》が黄金の詰まった釜を掘り当て、母に孝行を尽くしたという故事に基づく。別名「釜掘り山」と呼ばれる。御神体は郭巨と子どもの愛らしい姿。この山に限って、屋根に日覆障子が掛けられている。

前懸と胴懸は、新調された上村松篁原画の「秋草図」と「花の汀（みぎわ）図」

万葉美人が描かれた鮮やかな見送も、上村松篁原画の「万葉の春」

蝋（ろ）色塗りの上を、桐、桜、菊をデザインした厚肉透かし彫金具で覆う。その下にはこの山独特の、明るい緑、薄茶色など十字花紋様の板絵（乳隠し）が欄縁を際立たせる

This float takes its theme from the Chinese legend about Kakkyo, one of the 24 filial exemplars, who luckily dug up a pot of gold but remained dutiful to his mother.

保昌山

Hōshō-Yama

丹後守・平井保昌と和泉式部の恋物語をテーマにした山で、緋縅《ひおどし》の鎧を着た保昌が、御所の紫宸殿に咲いた紅梅を手折って蒔絵の台に載せ、式部に届けている姿の御神体が乗る。水引は、孔雀の羽根を縫い込んだ豪華な刺繍。

前懸「蘇武牧羊図」、胴懸右「張騫（ちょうけん）に白鳳図」・左「巨霊人虎図」は、円山応挙下絵による刺繍

見送は、道士、福禄寿、唐子などの背景に瑞雲や滝を配した「寿星図」の綴錦

会所2階に保昌の御神体を飾り、階下では紫宸殿をイメージした祠を展示。人気の縁結びのお守りなどが授与される

This float's theme is based on the love story of Hirai Yasumasa (Hosho) and Izumi Shikibu. The float's deified Hosho holds a bough of blooming plum blossoms, which he intends to give to Shikibu.

油天神山

Aburatenjin-Yama

古くから町内にある天神様を勧請して御神体にした山で、油小路通にあることからその名がある。山の正面に鳥居を立て、風早家伝来の天神像を祀る金塗りの祠を置く。真松とともに華やかな紅梅の造花が目を惹く。

前懸は雲龍紋の蝦夷錦。胴懸は前田青邨原画の「紅白梅図」。欄縁は凹形に切り込んで、祠を見えやすくしている

見送は名品「宮廷宴遊図」毛綴。平成2年（1990）に、富士山を描いた梅原龍三郎原画「朝陽図」綴織も新調した

会所飾りでは、天神の祠を中央に据える。牛の絵馬や学問向上のお守りなどが授与される

This float carries the deified objects of a heavenly god prayed to in the float's district from ancient times. It has a torii gateway leading to a small portable shrine decorated in gold.

四条傘鉾

Shijōkasa-Hoko

織物の垂《さが》りを付けた傘と共に、棒振り囃子《ばやし》が巡行する。応仁の乱以前に起源を持つが、明治５年（１８７２）にいったん巡行から姿を消した。昭和60年（１９８５）に傘本体を復元して復活。その３年後に踊りと囃子を伴って巡行するようになった。

傘の垂りは鈴鹿雄次郎作「麗光鳳舞之図」、上には御幣と松を飾る。胴懸にはインド更紗が使われている

ササラ、太鼓、鉦を鳴らし、棒を振りながら巡行する踊り手は、16人の小学生で構成される

房掛は迫力ある金色の鬼面。黒塗りだけの欄縁だったが、平成22年（2010）、波濤紋の錺（かざり）金具を新調

This is one of the two umbrella floats. This float features an umbrella dressed with fabric skirt and the accompaniment of musicians led by baton twirlers (bofuri-bayashi).

蟷螂山

Tōrō-Yama

蟷螂山の巡行は昭和56年（1981）、約100年間の中断を経て、再開された

「蟷螂《とうろう》の斧を以て隆車の隧《わだち》を禦《ふせ》がんと欲す」という中国の故事にちなむ。南北朝時代、足利義詮《よしあきら》軍に挑んで戦死した当町在住の四条隆資《たかすけ》の戦いぶりが「蟷螂の斧」のようであったことから、四条家の御所車にカマキリを乗せて巡行したのが起源とされる。

懸装品は友禅作家・羽田登喜男が手掛け、前懸・胴懸・水引・見送のすべてをオシドリなどをテーマに制作した

近年始められた「からくり蟷螂おみくじ」は、行列ができるほどの人気

This float takes its theme from a Chinese fable about the bravery of praying mantis (*toro*), in order to pay homage to a particular fallen hero.

伯牙山

Hakuga-Yama

別名「琴破山《ことわりやま》」。中国・周代の琴の名人・伯牙が、良き自分の理解者・鍾子期《しょうしき》の死を知り、悲しみのあまり、琴の弦を断ったという故事に基づいて造られている。胴懸や水引、見送などの懸装品は中国風に統一されている。

前懸の金茶地蝦夷錦の上に掛けられている、上下に詩文の書かれた仙人遊楽図の金襴は中国・明代の高級品

房掛は、優雅で精巧な「源氏蝶」の鋲（かざり）金具。白い房の束を長く垂らす

御神体の伯牙像は2メートル弱。口をへの字に結んで、目は眼下の琴を凝視、斧を握って強い決意を伝えている

This float originates from the Chinese fable of the famed *koto* (oriental harp) player Hakuga who broke his harp strings in grief on hearing that the only person to truly understand his music had died.

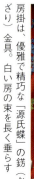

木賊山

Tokusa-Yama

世阿弥《ぜあみ》の能『木賊《とくさ》』をテーマにした山で、信濃で子をさらわれた翁が、右手に鎌を持ち、独り寂しく木賊を刈っている御神体が乗る。前懸の「唐人市場交易図」綴錦、日輪雲鳳凰紋綴錦の水引など、色鮮やかな懸装品が御神体人形とのコントラストを見せる。

唐団扇（とううちわ）にウサギをデザインした房掛、緋色の中に映える萌葱（もえぎ）色の房など、細やかな美しさも鑑賞できる

見送は中国・明時代の「鳳凰牡丹図」綴錦で、緋色に縁取られた図柄が青空に映える（復元新調品）

「うなぎの寝床」と呼ばれる、間口が狭く奥深い町家に懸装品が飾られる。迷子のお守りは山のテーマに由来

This float comes from the Noh drama “Tokusa”, with the float bearing a deified figure of the sad, lonely old man, who has lost his son to kidnappers, cutting *tokusa* or scouring rushes.

霰天神山

Araretenjin-Yama

天正年間の大火の折、霰と共に天神様が降りて来られ、御幣を振って鎮火された。その後に一寸五分の鎮座された天神像が居られ、それをご神体としてお祀りしている。正面欄縁上に朱の鳥居、紙垂《しで》付きの榊と紅梅白梅、天神の社殿を載せ、回廊が全体を引き締めている。

前懸は叙事詩『イリアス』より「ヘクトルと妻子との別れ」をテーマとし、鶏鉾の見送ともとは1枚のタペストリーだったと考えられる

房掛は楕円形で大型。浅葱（あさぎ）色の房に、桜、カキツバタ、紅葉、鳥の絵柄の短冊形の鍍金金具が掛かる

「雷よけ火よけのお守りをうけてお帰りなされましょう、常はでません今晩かぎり…」と、子どもたちが歌うかわいい声が宵山風情を盛り上げる

Legend has it that hail and a tiny statue of the Tenjin god fell from the heavens to put out a great fire raging in Kyoto. And, this float takes that miracle as its theme.

前懸の中心は、叙事詩『イリアス』のトロイア陥落の一場面を描いた、16世紀のベルギー製タペストリー

白楽天山

Hakurakuten-Yama

唐の詩人・白楽天が道林禅師に仏法の大意を問うて感服した場面がテーマ。禅師は紫の衣を着け、手には数珠と払子《ほっす》、松の枝の上に座る。狩衣《かりぎぬ》姿の白楽天は、手に芴《しゃく》を持って立つ。松の木が大切な道具立てになるため、大きく形の良い真松が選ばれる。

会所に飾られた道林禅師（右）・白楽天（左）の2体の御神体人形。左右に懸装品の名品が見える

見送は山鹿清華作「北京万寿山図」綴錦。他に18世紀のフランス製「水辺の会話」ゴブラン織、麒麟（きりん）龍鳳凰紋の綴錦を所有する

This float shows admiration for a scene where Tang poet Hakurakuten (in white) quizzes Zen master Dorin (in purple) about the tenets of Buddhism.

芦刈山

Ashikari-Yama

『大和物語』一四八段を改作した謡曲『芦刈』に基づく。御神体の老翁人形は、妻と別れ独りアシを刈る姿を表し、真松の梢に三日月を掛け、秋の薄暮れを演出する。山鉾最古の御神体衣装「綾地締切蝶牡丹文片身替小袖」（16世紀、重要文化財）なども所蔵。

前懸は山口華楊の「凝視」、胴懸は尾形光琳原画の「燕子花図」を使う

見送は山口華楊原画の「鶴図」を巡行の懸装品とし、豊臣秀吉着用の陣羽織を参考に新調された胴懸なども所蔵する

会所には、文政3年（1820）に作られた旧見送の「唐子嬉遊図」なども見える。宵山で授与される粽には、夫婦和合の文字が入る

This float takes its theme from the Noh song “Ashikari”. The deified figure on the float symbolizes the old man from the Noh drama who lives a lonely life on an inlet, cutting reeds.

占出山

Urade-Yama

神功《じんぐう》皇后が、アユを釣り、戦勝の兆しを得たという故事に由来する。御神体は、烏《え》帽子《ぼし》をかぶり右手に釣り竿、左手に釣り上げたアユを持つ。神功皇后は安産の神として信仰され、巡行のくじ順が早いとその年はお産が軽い、との言い伝えがある。

水引は「三十六歌仙図」、前懸「宮島図」、左右の胴懸は「松島図」と「天橋立図」。日本三景がひとまとまりで鑑賞できる

見送は、西陣の名工・林瀬平が寛政6年（1794）に織り上げたもので、巡行時には復元新調品を使用する

路地奥の会所では、浴衣姿の子どもたちがかわいい声で、安産のお守りや腹帯などを勧める

This float's figure of Empress Jingu is fabled to have received an omen of victory when fishing. It is said that giving birth is easy in years when this float is high up in the procession order.

綾傘鉾

Ayakasa-Hoko

山鉾の古い形態を伝える傘鉾で、台車に載せられた大きな傘と、棒振り囃子《ばやし》が巡行する。元治元年（１８６４）の大火で羅災。関係者の尽力で、昭和54年（１９７９）に巡行再開を果たした。

傘の垂（さが）りは、人間国宝の友禅作家・森口華弘の「四季の花」と、町内有志寄贈の西陣綴織「飛天の図」

棒振り踊 赤熊（しゃぐま）をかぶり白布で顔を覆い、金と紺の鱗模様の表着に白たすきを掛け、長さ150センチの棒を振り疫や災いを祓う

会所には、棒振り囃子の太鼓方が着ける面や衣裳、古い姿の巡行を描いた掛け軸などが飾られる

This float combines units carrying two giant umbrellas redolent of yama/hoko floats of old. Musicians and a baton twirler accompany this float in the procession.

コラム「八坂神社の二つの紋」

祇園祭の提灯などを見ると、二つの紋―「五瓜唐花紋《ごかにからはなもん》」と「左三つ巴紋」が描かれていることに気付くだろう。「なぜ一つではないの」「二つの紋は何を表わしているの」と思うかもしれない。その答えは、「両方とも、八坂神社の紋である」ということだ。

八坂神社の歴史は古く、斉明天皇2（656）年に高麗の来朝使節、伊利之（いりし）が、新羅国の牛頭山に坐した素戔嗚尊（牛頭天王）を山城国愛宕郡八坂郷の地に奉斎した。天長6（829）年、紀百継《きのももつぐ》が八坂郷丘を神の祭祀の地とした。これが感神院（祇園感神院―現在の八坂神社）の始まりとされる。紀氏は感神院の執行となり、代々その職を継いだ。

この紀氏の紋が「五瓜唐花紋」だと伝わる。この紋は素戔嗚尊を表わすともいわれる強大な力を持つ。一方の「左三つ巴紋」も「水を表わす」強い力を持つ。

八坂神社は青龍の地であり、本殿の地下には龍穴と呼ばれる龍が住む深い池があるといわれ、その池は神泉苑をはじめ東寺まで続いているという伝説がある。

神様の二つの紋が八坂神社を支える。

五瓜唐花紋

左三つ巴紋

後祭の山鉾

後祭の 10 基のうち、くじ取らずは１番の橋弁慶山、２番の北観音山、６番の南観音山、10 番の大船鉾。

北観音山

Kita-Kannon-Yama

「上り観音山」ともいわれる。文和２（１３５３）年創建された、と町有古文書に記されている。山舞台には楊柳観音像と韋駄天立像を安置。くじ取らずの、後祭２番山。破風下の木彫雲鶴は江戸時代の彫刻家片岡友輔の作。インド、ペルシャ、トルキスタンなどの絨毯を胴懸にし、欄縁の唐獅子など豪華である

天水引は、華麗な「金地唐草模様」。下水引は、唐人物の王侯行列風俗の豪華な刺繍

会所に祀られた、鏡を抱えた楊柳観音坐像（中央）と、脇侍の韋駄天立像（右）。（非公開）

四隅の、厚みのある豪華な房掛は「祇園守」の紋様。浅葱（あさぎ）色の房、下水引との組み合わせの美しさなど、町衆の美意識が結集されている

When the procession was divided in to two, this float was the lead one of the latter procession. Also, as the float originates from what was a wealthy merchant area, it has many lavish decorations.

山の後ろに差し出している柳の枝がこの山の特徴。楊柳観音が薬草を表す柳を持って人々を救ったという伝説にちなむ

見送の「鳳凰宝散額唐子嬉遊図」は、17世紀の中国・明末清初の綴錦。右脇に下げられた柳の枝は、楊柳観音のシンボル

新町通を北進し、六角町に戻った北観音山。鉦・太鼓を打ち鳴らし、にぎやかな手締めで、一日の巡行を終える

南観音山

Minami-Kannon-Yama

後祭山鉾巡行、くじ取らずの6番目の山。「下り観音山」ともいわれ、江戸時代は北観音山と隔年交代で巡行。明治時代以降毎年出ることになった。楊柳観音像と脇侍に善財童子を祀るが、いずれも天明の大火で罹災し、楊柳観音像は頭胸部以外は補修したもの。胴懸にはペルシャ絨毯、見送は昭和63年制作の加山又造「龍王渡海図」。

山鉾巡行も終わりに近づき、ひときわ高鳴る祇園囃子に、最後の盛り上がりを感じる

山建ての後、曳き初め（20日）の時に掛けられた龍紋の天水引。巡行本番の装いと比べてみるのも楽しみ

This float is always at the very rear of the procession and carries deified images of Yoryu Kannon (a goddess of mercy) and Zenzaidoji (Buddhist saint).

四隅の房掛は、梅・菊・蘭・竹の四君子を深彫した木製の薬玉。この下に、ダイナミックな金糸組紐を下げている

会所2階に祀られる楊柳観音と善財童子。祭り期間中、粽や餅などが供えられ、神式のお祓い、仏式の読経が行われる

見送は、昭和63年（1988）に新調された加山又造下絵による「龍王渡海図」。龍をテーマにした懸装品が多い中でも迫力ある絵柄。柳の大枝は南北両観音山の目印

大船鉾

Ōfune-Hoko

元治元（１８６４）年の「蛤御門の変」で焼失し、以来巡行に参加することはなかった。その後、平成９年にお囃子を復興し、「居祭」などを経て平成24年から唐櫃巡行で参加し、平成26年には１５０年ぶりに巡行に復帰した。神功皇后を御祭神とし、神功皇后にあやかって、安産の船であるとして有名である。舳先に龍頭と大金幣が隔年で掛けられる。

焼失を免れて保存されてきた五爪龍などの刺繍が美しい

Ofune-Hoko Float

Destroyed by fire back in 1864, this float was rebuilt 150 years later in 2014. Taking Empress Jingu as the celebrated (enshrined) deity, this float is noted for the belief-based protection it offers for safe and easy birth.

龍頭を舳先に付けた幕末の姿が、幸野楳嶺による掛軸（田尾家蔵）にあり、復元に弾みがついた

龍頭と大金幣が隔年で舳先に掲げられる。かつては「凱旋船鉾」とも称された美しい鉾である

コラム「鱧祭」

宵山に届けられた仕出し弁当を開けると、必ず入っているのがハモ料理。祇園祭は、別名「鱧祭」とも呼ばれる。ハモは生命力が強く、水から揚げても長く生きている魚で、昔は、海から離れた蒸し暑い京都まで運べるのはハモだけだった。

梅雨の雨水をいっぱい飲んだハモはひときわおいしく、祭り料理に欠かせない魚であるが、小骨が多い。そこで、歯触り良く食べるために、京都人は工夫を凝らした。皮を残し「シャリッ、シャリッ、シャリッ」とリズミカルな音をさせて骨切りをする。梅肉を付けて食べるさっぱりとした味の鱧落とし（湯引き）、鱧きゅう、鱧寿司などは、食欲の失せる猛暑の祇園祭にはうってつけの料理である。

写真協力：祇園 川上

橋弁慶山

Hashibenkei-Yama

後祭の先頭をいく。謡曲「橋弁慶」を題材に、御神体である牛若丸と弁慶が五条大橋の上で戦う姿を表わしている。大長刀を斜めに構えた弁慶に対し、牛若丸は欄干の擬宝珠の上に足駄で立ち、片足を上げて太刀を持つ。牛若丸の人形は、足駄金具1本で支える。いずれも平安仏師康運の銘がある。この山の人形（御神体）の組みの巧みさは瞠目に値する。

牛若丸の人形は、足元の1本の金具のみで支えられている。前懸は富岡鉄斎による「椿石霊鳥図」の綴織

京町家の風情を残す会所の2階に、注連縄（しめなわ）を張って2体の御神体が置かれ、黄昏時からライトアップされる

胴懸の「加茂葵祭行列図」綴織は、円山応挙の下絵によるものと伝えられ、葵祭の様子が生き生きと再現されている

This float portrays the famed fight on Gojo Bridge between Benkei and Ushiwakamaru. Benkei, in armor, stands on the black-lacquer bridge confronted by Ushiwakamaru on the gilded railing.

役行者山

Ennogyōja-Yama

役行者が一言主神《ひとことぬしのかみ》を使って、葛城《かつらぎ》と大峰の間に橋を架けたという故事にちなむ。修験道の開祖・役行者と鬼の面を着けた一言主神、葛城神。3体の御神体人形を乗せるので、山のサイズも一回り大きい。

水引は「唐子遊戯図」綴錦。前懸は、「岩牡丹胡蝶図」を中央に、龍の図柄の綴錦2枚で挟んで構成

見送は、中国製の2枚の龍図を向かい合わせて縫い、金襴で縁取ったもの

室町通から東へ延びる路地奥に会所飾りが設けられる。蔵の中には3体の御神体人形が恭しく祀られる

This float depicts fabled bridge built between Katsuragi and Omine under the direction of the mountain priest Ennogyoja. This float is unusually large because it carries three figures.

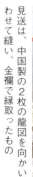

鯉山

Koi-Yama

龍門の滝を登った鯉は、龍になるという中国の故事「登龍門」に基づいた山で、激流を飛沫を上げて登る鯉の木彫りが、朱塗りの鳥居越しに見える。この山の見どころは、国の重要文化財に指定されている、16世紀にベルギーで織られた懸装品にある。

山を飾るため、1枚のタペストリーをノミで9枚に切断して使用

見送はホメロスの叙事詩『イリアス』の一場面で、トロイ王と后の姿が描かれているという。巡行には復元新調品を使用

約1メートル半ある鯉の彫刻は、左甚五郎作といわれ、宵山の会所で間近に見ることができる

This float takes a Chinese fable of a carp climbing a waterfall to become a dragon as its theme. The wood-carved carp is passing under a vermillion-lacquered *torii* gateway as it climbs the torrent.

八幡山

Hachiman-Yama

普段は会所の庭に祀られている八幡宮を、山に勧請して巡行する。純金箔を貼った小祠は、天明年間（1781〜89）の制作と伝わる。鳥居に止まる雌雄のハトは、左甚五郎作といわれる木彫り。宵山に公開される海北友雪《かいほうゆうせつ》筆「祇園祭礼図屏風」も必見。

前懸の「紺羅紗地唐獅子図刺繍」は元文年間のものを平成2年（1990）に復元新調した

2枚ある見送の一つ「婦女嬉遊図」は、17世紀、中国・明代の綴織

金箔貼りの小祠、その後ろに所蔵の2枚の見送。手前には、3段に飾る浅葱（あさぎ）色の飾房や、精巧な欄縁金具などが並べられる

Hachimangu or shrine of the god of war is carried in this float. This small shrine is decorated in pure gold leaf and is offset by a *torii* gateway with two carved pigeons on top facing each other.

鈴鹿山

Suzuka-Yama

鈴鹿権現「瀬織津姫命《せおりつひめのみこと》」を御神体とする。伊勢国鈴鹿山で往来の人々を苦しめた鬼を退治する、金烏帽子《えぼし》に長刀姿のモデルは、巴御前だともいわれる。巡行後、真松に掛けられた宝珠や鳥居の絵馬は、盗難除けとして授与される。

前懸は、近年新調された2頭のラクダの絵柄「黄砂の道」。両脇の大きな金幣と朱色の房が目に留まる

見送は皆川月華の下絵による「ハワイの蘭花図」。他に中国・明代の雲龍紋刺繍や牡丹鳳凰紋刺繍を所蔵する

黒漆塗りの欄縁は、正面で大きく切り込まれている。表面の金具は山鹿清華の下絵による四季花鳥紋

Princess Seoritsu, also known as Suzuka for ridding the Suzuka mountain pass of a demon, is the figure on this float. Post procession, certain decorations, valued as charms, are put on sale.

黒主山

Kuronushi-Yama

謡曲『志賀』にちなむ。平安時代の歌人で「六歌仙」の一人・大伴黒主が桜を仰ぎ見る姿が御神体。前懸は、萬暦帝即位の折の御服とされる迫力ある五爪龍紋錦を復元して使用する。欄縁金具は、松、ツバキ、ボタンなどの細かい透かし浮彫細工。

担ぎ手の笠や轅（ながえ）の先にも「黒」の文字。また最近、町内で山を囲む「埒（らち）」を黒塗りで新調し話題になった

平成19年（2007）に復元新調された「唐子嬉遊図」は、子どもたちが楽しげに遊ぶ姿を鮮やかに織り込む。2種類の見送が隔年交代で掛けられる

お供の人たちの裃（かみしも）や袴、傘も黒ずくめ。桜を添えた粽がアクセントになって美しい

The Heian (10th c.) poet Otomo-no-Kuronushi is the defied figure on this float. Its decoration emulates the dragon crest on the clothing worn by the Chinese Emperor at time of enthronement.

浄妙山

Jomyo-Yama

『平家物語』の宇治橋合戦をテーマにする。三井寺の僧兵・筒井浄妙の頭上を一来《いちらい》法師が飛び越えて先陣争いする瞬間を再現。御神体2体にはさまざまな工夫が凝らされ、くさび1本でつながれて宙に浮いている。欄縁は宇治川の激流を表した深彫。

長谷川等伯親子による智積院国宝障壁画を下絵に、前懸の「桜図」は平成19年（2007）に、後懸「楓図」は平成20年に新調された

かつては胴懸に、19世紀イギリス製絨毯「エジプト風景図」などが使われていた。現在は長谷川等伯の原画を基にした「柳橋水車図」

会所飾りには、宇治橋合戦の屏風を背景にした2体の人形と、矢が突き刺さった橋の欄下、宇治川の急流を彫った欄縁が並ぶ

Here we have a scene from the Uji Bridge battle in the Tale of the Heike, with the figure of the monk Ichirai vaulting over his brother-monk warrior Jomyo from Miidera Temple to get into the fray.

鷹山

Taka-Yama

往時の鷹山・復元図
作図　中川末子（よろずでざいん）

唐櫃巡行　鷹山

鷹山は応仁の乱以前から巡行していたが、文政９（１８２６）年の巡行で大雨に遭って懸装品を汚損。翌年から巡行に加列せず、居祭を続けてたが、２０１５年５月に（公財）鷹山保存会を設立。２０２２年までの巡行復帰を決めた。それに先だって八坂神社の祭神の名をしたためた掛軸を唐櫃に収めた「唐櫃巡行」を令和元年から実施する。

御神体は鷹匠、犬飼、樽負で、中納言在原行平が光孝天皇の御幸で鷹狩をする場面を表現している

宵山の人波の中、三条通を東へ向かう日和神楽

復興気分を盛り上げるお囃子の披露

Taka-Yama Float

The decorations on this float were damaged by heavy rain during the parade in 1826, which led to its absence from processions thereafter. However, a preservation society was formed with the aim of restoring the Taka-Yama float to the procession in 2022. And, as part of that preparation, from 2019, the society intends to parade a six-legged Chinese-style chest in what is known as “karabitsu-junko”, or the parading of a chest instead of a float at times when the actual float cannot be paraded.

コラム「祭りの後」

祭りの感動や興奮で濃密な時間が過ぎた後には、えも言われぬ寂しさがある。交通規制も解かれ、日常に戻った風景の中で、山鉾の骨組みだけが夕日に照らされた姿を目にすると、いっそう虚脱感が襲ってくる。あれほど美しく飾られ、華やかに巡行した山鉾が、町内に戻ると、懸装品を惜しげもなく人目につかない所に収納してしまう。なぜそんなに早く終わるのか、疑問に思われる方も多いことだろう。これには、山鉾に託された重要な意味がある。

飾り立てた行列は、疫病をもたらす悪霊を慰め、送り出すために行われたものである。災厄がついた物はすぐさま棄却するのが本来であるが、祇園祭の場合は、豪華な飾りが固定化したため、すばやく解体することで象徴的に役目を終わらせているのである。

ガイド編

もっと楽しむ祇園祭

17
前祭 山鉾巡行 P46
9：00～ 四条烏丸―四条河原町―河原町御池―新町御池

くじ改め P47
四条堺町

注連縄切り P48
四条麩屋町

神幸祭 P50
18：00～ 八坂神社氏子区域

無言詣 P42
～24日 八坂神社御旅所

18
後祭 山鉾建て P52
後祭各山鉾町

19

20
後祭 曳（舁）初め P53

21
後祭 屏風祭 P55
後祭各山鉾町

後祭 宵山 P54
後祭各山鉾町

会所飾

22

23
煎茶献茶祭 P57
9：00～ 八坂神社

琵琶の奉納
13：00～ 八坂神社

役行者山護摩焚供養 P57
14：00頃 役行者町

後祭 日和神楽 P56
20：00頃 後祭各山鉾町～八坂神社御旅所

あばれ観音 P56
23：00～ 南観音山会所

24
後祭 山鉾巡行 9：30～ P58
烏丸御池―河原町御池―四条河原町―四条烏丸

花傘巡行 10：00～ P60
石段下―四条寺町―寺町御池―河原町御池―四条河原町―八坂神社

還幸祭 17：00～ P61
四条御旅所―八坂神社

25
狂言奉納
11：00～ 八坂神社

26

27

28
神輿洗 16：00～20：00 P62
八坂神社―四条大橋―八坂神社

29
神事済奉告祭 P62
16：00～ 八坂神社

30

31
疫神社夏越祭 P63
10：00～ 疫神社

前祭巡行
7月17日 9：00～
※見どころ!!
注連縄切り、辻回し

後祭巡行
7月24日 9：30～
※見どころ!!
くじ改め、辻回しなど

※行事等は変わることがあります。

祇園祭カレンダー　7月

6月中旬
長刀鉾稚児結納
長刀鉾稚児宅

7月上旬 P27
みやび会お千度
八坂神社

1
- **長刀鉾町お千度** P22
  10：00～　八坂神社
- **二階囃子** P23
  1日～　各山鉾町

2
- **くじ取り式** P23
  10：00～　京都市会議場
- **山鉾連合会社参** P24
  11：30～　八坂神社

3
- **船鉾神面改め** P24 非公開
  10：00～　船鉾会所

4

5
- **長刀鉾稚児舞披露** P25
  15：00頃　長刀鉾会所

6

7
- **綾傘鉾稚児結納・社参** P26
  14：30～　八坂神社

8

9

10
- **前祭 山鉾建て** P32
  10日～14日　前祭各山鉾町
- **神用水清祓式** P28
  10：00～　四条大橋南側
- **清 祓** P29 非公開
  ～22日　各山鉾町
- **長刀鉾町拝戴の儀** P29 非公開
  長刀鉾会所
- **お迎提灯** P30
  16：30～　八坂神社氏子区域
- **神輿洗式** P31
  19：00～　八坂神社～四条大橋

11

12
- **前祭 曳（舁）初め** P34
  12日～13日　前祭各山鉾町　※各山鉾町により異なる

13
- **会所飾り** P35
  ～16日　前祭　各山鉾町
- **長刀鉾稚児社参** P35
  11：00～　八坂神社
- **久世稚児社参** P36
  14：00～　八坂神社
- **菊水鉾茶会** P36
  ～16日　菊水鉾会所
- **祇園囃子** P37
  ～16日　前祭　各山鉾町

14
- **一里塚松飾式** P37 非公開
  14：00～　松原中之町会所
- **前祭 宵山** P38
  14日～16日　前祭各山鉾町
- **屏風祭** P40
  ～16日

15
- **斎竹建て** P41
  5：00～　四条麩屋町
- **伝統芸能奉納** P41
  15：00～　八坂神社

16
- **前祭 献茶祭** P42
  9：00～　八坂神社
- **宵宮神賑奉納行事** P43
  18：00～　祇園商店街
- **石見神楽** P44
  18：30～　八坂神社
- **日和神楽** P45
  22：00頃　各山鉾町～八坂神社御旅所　長刀鉾は八坂神社境内まで
- **船鉾御神体腹帯巻** P44 非公開
  船鉾会所

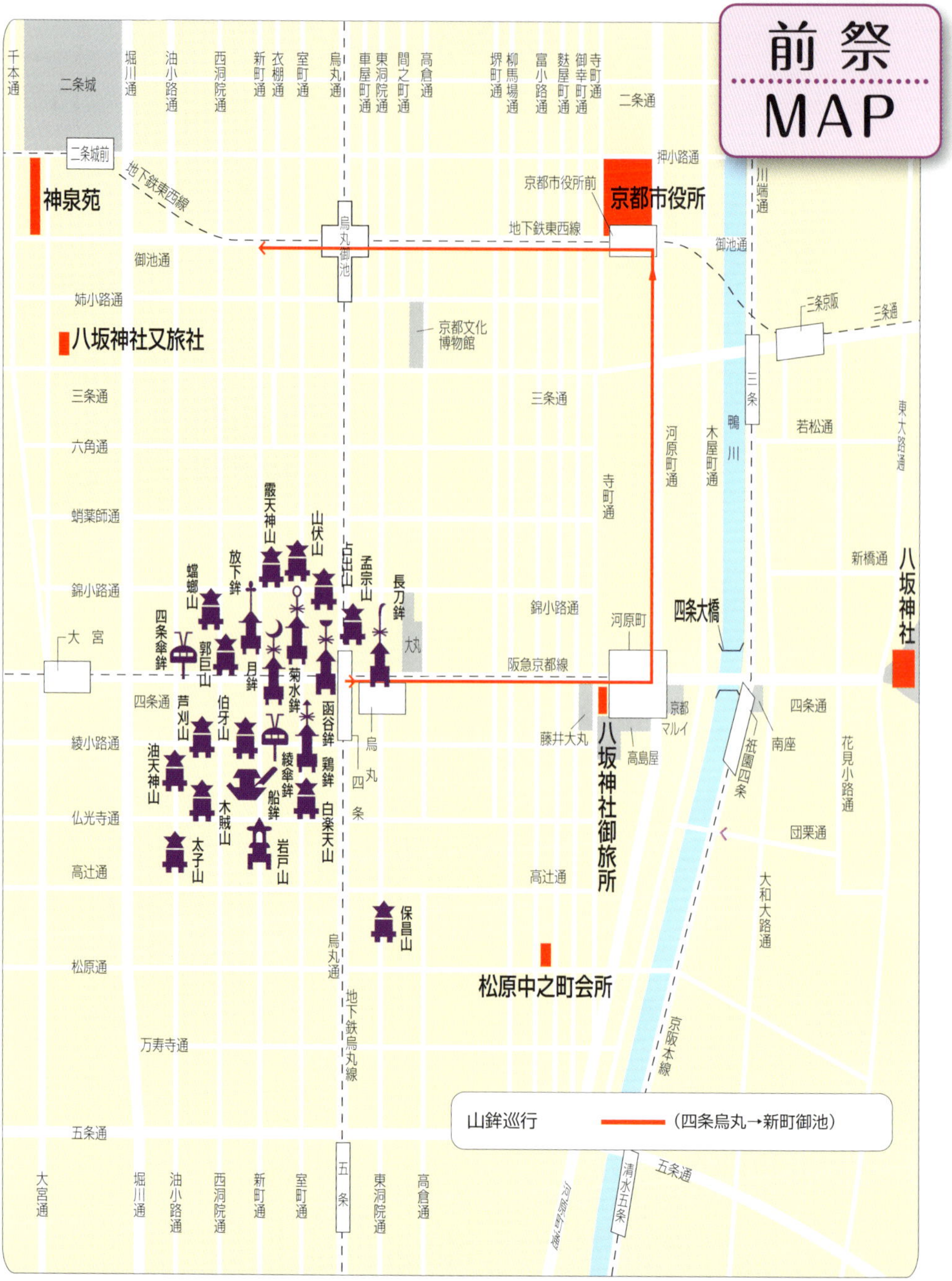
前祭
MAP
千本通
二条城
堀川通
油小路通
西洞院通
新町通
衣棚通
室町通
烏丸通
車屋町通
東洞院通
間之町通
高倉通
堺町通
柳馬場通
富小路通
麩屋町通
御幸町通
寺町通
二条通
二条城前
地下鉄東西線
押小路通
神泉苑
京都市役所前
京都市役所
川端通
烏丸御池
地下鉄東西線
御池通
姉小路通
京都文化博物館
三条京阪
三条通
八坂神社又旅社
三条通
三条
三条通
河原町通
木屋町通
鴨川
若松通
東大路通
六角通
寺町通
蛸薬師通
霰天神山
山伏山
占出山
放下鉾
孟宗山
長刀鉾
蟷螂山
新橋通
八坂神社
錦小路通
錦小路通
四条大橋
河原町
四条傘鉾
郭巨山
大宮
月鉾
菊水鉾
大丸
阪急京都線
四条通
芦刈山
伯牙山
函谷鉾
京都マルイ
四条通
南座
綾小路通
藤井大丸
烏丸
高島屋
祇園四条
花見小路通
油天神山
綾傘鉾
鶏鉾
四条
八坂神社御旅所
船鉾
木賊山
白楽天山
仏光寺通
団栗通
太子山
岩戸山
高辻通
高辻通
大和大路通
保昌山
烏丸通
松原通
松原中之町会所
地下鉄烏丸線
京阪本線
万寿寺通
山鉾巡行
（四条烏丸→新町御池）
五条通
五条通
清水五条
大宮通
堀川通
油小路通
西洞院通
新町通
室町通
五条
東洞院通
高倉通
河原町通

後祭 MAP

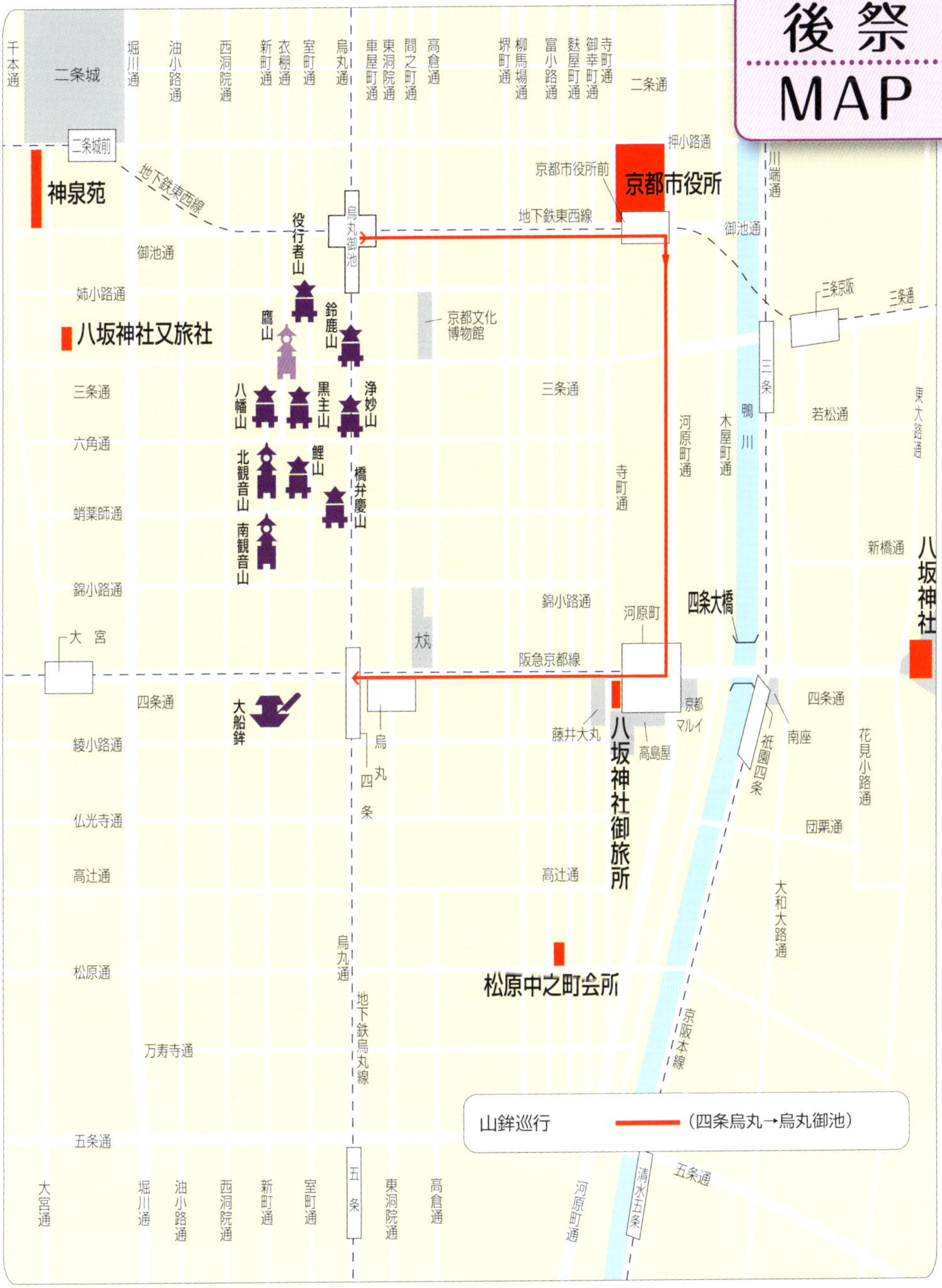
千本通
二条城
堀川通
油小路通
西洞院通
新町通
衣棚通
室町通
烏丸通
車屋町通
東洞院通
間之町通
高倉通
堺町通
柳馬場通
富小路通
麩屋町通
御幸町通
寺町通
二条通
二条城前
押小路通
川端通
神泉苑
地下鉄東西線
烏丸御池
京都市役所前
京都市役所
地下鉄東西線
御池通
役行者山
御池通
姉小路通
三条京阪
三条通
鈴鹿山
鷹山
京都文化博物館
八坂神社又旅社
三条通
三条
三条通
八幡山
黒主山
浄妙山
鴨川
若松通
東大路通
河原町通
木屋町通
六角通
北観音山
鯉山
橋弁慶山
寺町通
蛸薬師通
南観音山
新橋通
八坂神社
錦小路通
錦小路通
四条大橋
河原町
大宮
大丸
阪急京都線
四条通
大船鉾
烏丸
四条
京都マルイ
藤井大丸
八坂神社御旅所
高島屋
南座
祇園四条
四条通
綾小路通
花見小路通
仏光寺通
団栗通
高辻通
高辻通
大和大路通
松原通
烏丸通
松原中之町会所
地下鉄烏丸線
京阪本線
万寿寺通
山鉾巡行
(四条烏丸→烏丸御池)
五条通
五条通
清水五条
大宮通
堀川通
油小路通
西洞院通
新町通
室町通
五条
東洞院通
高倉通
河原町通

神輿渡御MAP

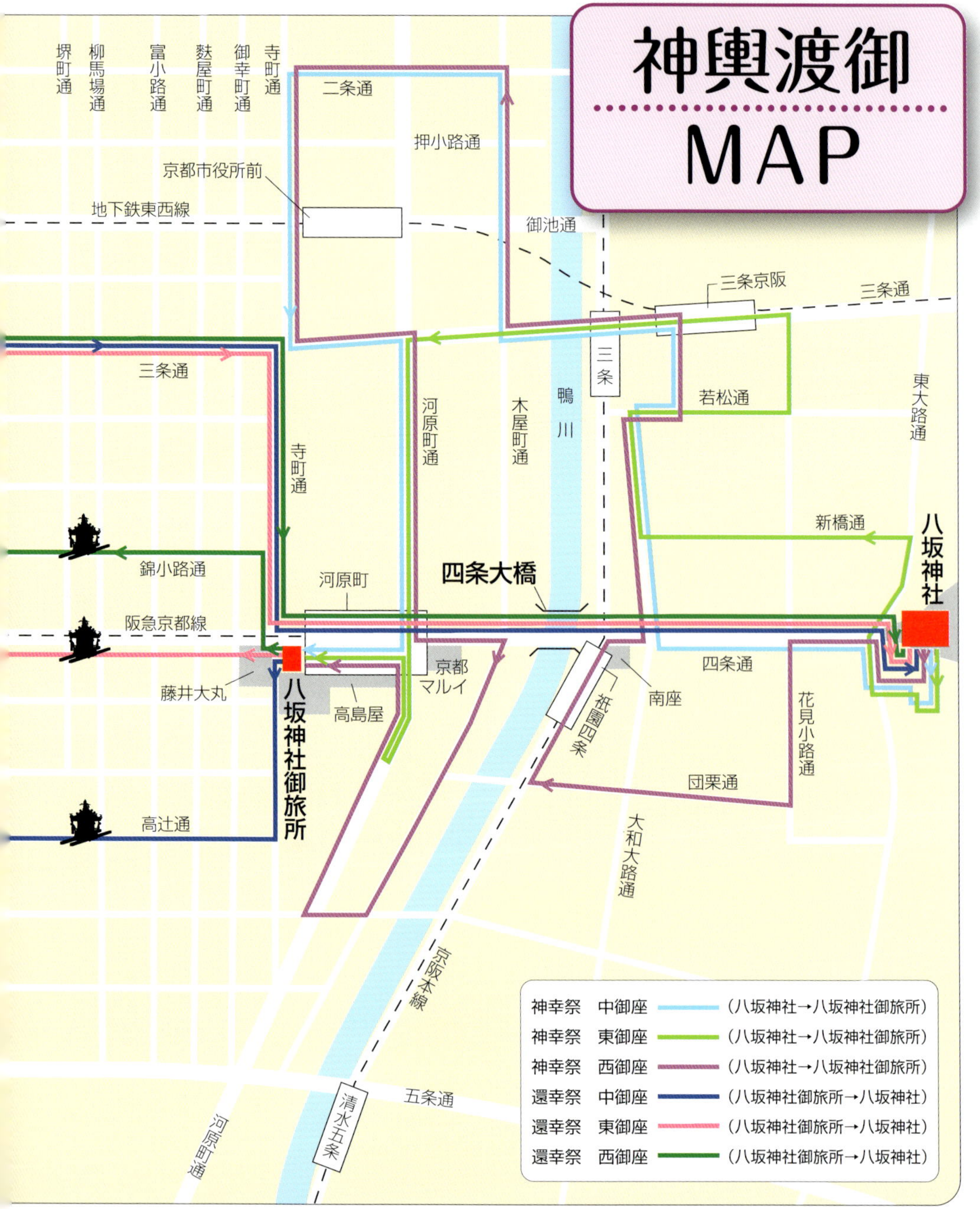

堺町通
柳馬場通
富小路通
麩屋町通
御幸町通
寺町通
二条通
押小路通
京都市役所前
地下鉄東西線
御池通
三条京阪
三条通
三条
三条通
若松通
東大路通
鴨川
河原町通
木屋町通
寺町通
新橋通
八坂神社
錦小路通
河原町
四条大橋
阪急京都線
京都マルイ
四条通
藤井大丸
八坂神社御旅所
高島屋
南座
祇園四条
花見小路通
団栗通
高辻通
大和大路通
京阪本線
五条通
清水五条
河原町通
神幸祭　中御座　（八坂神社→八坂神社御旅所）
神幸祭　東御座　（八坂神社→八坂神社御旅所）
神幸祭　西御座　（八坂神社→八坂神社御旅所）
還幸祭　中御座　（八坂神社御旅所→八坂神社）
還幸祭　東御座　（八坂神社御旅所→八坂神社）
還幸祭　西御座　（八坂神社御旅所→八坂神社）

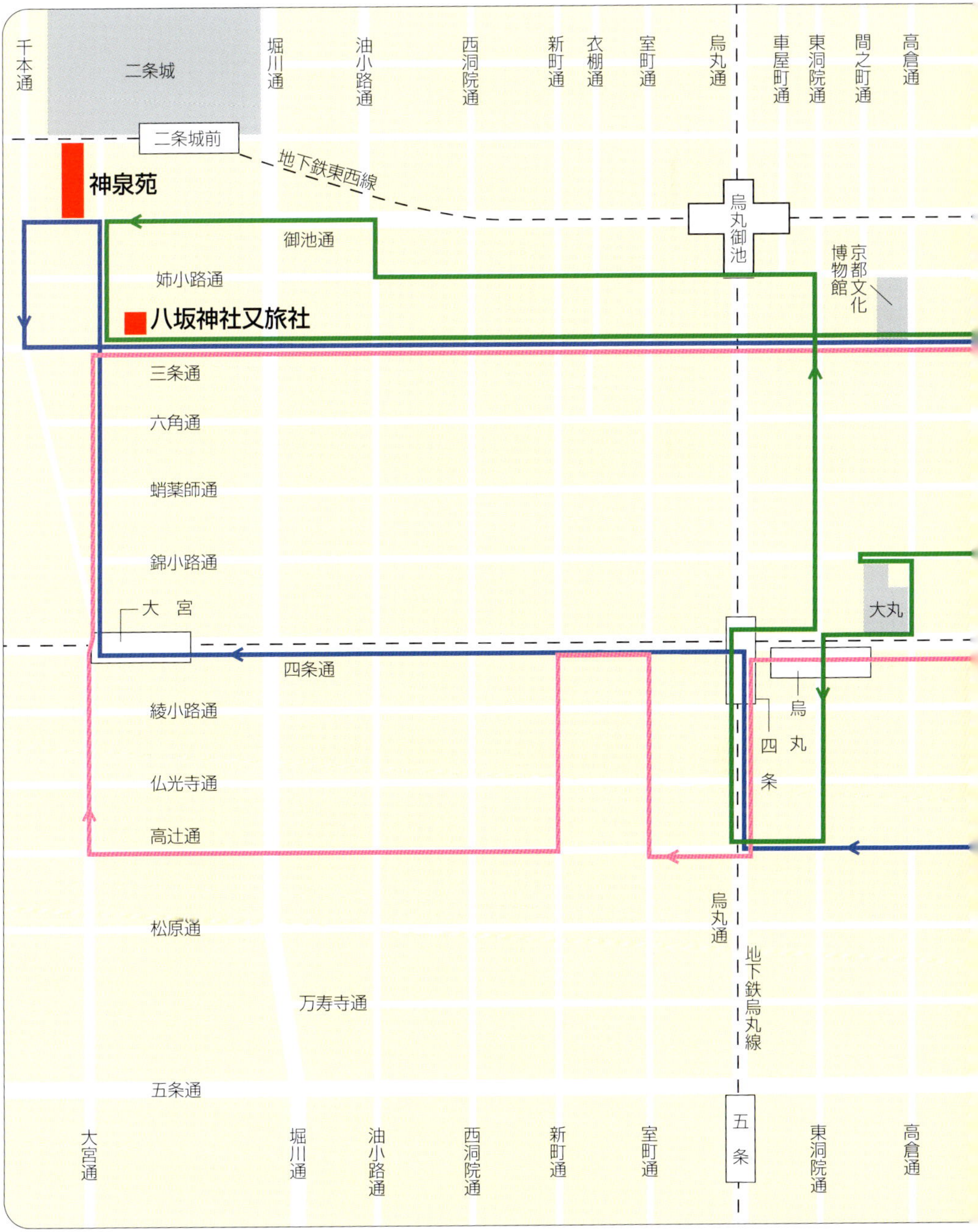
千本通
二条城
堀川通
油小路通
西洞院通
新町通
衣棚通
室町通
烏丸通
車屋町通
東洞院通
間之町通
高倉通
二条城前
地下鉄東西線
神泉苑
烏丸御池
御池通
姉小路通
京都文化博物館
八坂神社又旅社
三条通
六角通
蛸薬師通
錦小路通
大宮
大丸
四条通
烏丸
四条
綾小路通
仏光寺通
高辻通
松原通
烏丸通
地下鉄烏丸線
万寿寺通
五条通
五条
大宮通
堀川通
油小路通
西洞院通
新町通
室町通
東洞院通
高倉通

あとがき

　写真家として祇園祭にカメラを向け40年あまりの歳月が流れた。正確にはそれ以前、子どもの頃からカメラを持って毎年のように写真を撮ってきたので、半世紀以上になるかもしれない。山鉾町内に生まれ育ったため、祇園祭は毎年夏になると巡ってくる身近な存在であった。生家の店の間が片付けられ、蔵にしまってあった屏風などが出され、ハレの空間に変わっていった情景なども思い出す。

　祇園祭を撮影テーマに選んだのも自然のなりゆきであった。だが一人の写真家が取り組むには大きく複雑なテーマで、毎年撮影計画を立てるものの、さまざまな行事が同時並行で行われていたり、酷暑の中早朝から深夜におよぶ日もあって体力と気力勝負であった。

　長年撮影を続けていると、潮が満ちるように大きな変化を経験することもある。昭和41年（１９６６）から行われるようになった前祭と後祭の合同巡行が、関係者の大変な尽力で平成26年（２０１４）から再び前後に分けて行われるようになり、祇園祭本来の伝統が復活した。また平成26年（２０１４）、１５０年ぶりに復興した大船鉾が後祭巡行を果たしたことも記憶に新しい。１１５０年もの歴史を持つ祇園祭が連綿と続いてきたのは、時代の変化をしなやかに受け入れながらも、伝統を頑なに守ってきたことによるだろう。

改訂版の本書では、京都新聞出版センター長の岡本俊昭氏、編集実務を熱心に担当頂いた松村麻也子氏、装幀などをして頂いたデザイナーの辻田和樹氏にお世話になった。前任の中村健介氏には度々撮影に同行頂いた。

八坂神社と神幸祭関係者、祇園祭山鉾連合会と山鉾町関係者の皆様には深く謝意をあらわしたい。

２０１９年６月

中田　昭

参考文献

『京都 祇園祭手帳』（河原書店）

『祇園祭のひみつ』（白川書院）

『祇園祭細見（山鉾篇）』松田元著（郷土行事の会）

『写真で見る祇園祭のすべて』島田崇志著、西山治朗他写真（光村推古書院）

『祇園祭と戦国京都』河内将芳著（角川学芸出版）

『祇園祭大展』（財団法人祇園祭山鉾連合会）

『京都の祭り暦』森谷尅久編、中田昭写真（小学館）

『祇園祭』植木行宣・中田昭共著（保育社）

『週刊朝日百科　日本の祭り4』（朝日新聞社）

協力

（公財）長刀鉾保存会
（公財）函谷鉾保存会
（公財）菊水鉾保存会
（公財）月鉾保存会
（公財）鶏鉾会
（公財）放下鉾保存会
（公財）岩戸山保存会
（公財）祇園祭船鉾保存会
（公財）山伏山保存会
孟宗山保存会
（一財）太子山保存会
（公財）郭巨山保存会
（公財）保昌山保存会
（公財）油天神山保存会
四条傘鉾保存会
蟷螂山保存会
（一財）伯牙山保存会
（公財）木賊山保存会
（公財）霰天神山保存会

（公財）白楽天山保存会
（公財）芦刈山保存会
占出山保存会
（公財）綾傘鉾保存会
（公財）北観音山保存会
（公財）南観音山保存会
（公財）橋弁慶山保存会
（公財）役行者山保存会
（公財）鯉山保存会
（公財）八幡山保存会
（公財）鈴鹿山維持会
（公財）黒主山保存会
（公財）浄妙山保存会
（公財）四条町大船鉾保存会
（公財）鷹山保存会

（公財）祇園祭山鉾連合会

八坂神社

〈著者略歴〉

中田　昭（なかた・あきら）

昭和26年（１９５１）、京都市生まれ。日本大学芸術学部写真学科卒業。芳賀日出男氏に師事。「京文化」をテーマに、風景・庭園・祭りなどの撮影を続ける。（社）日本写真家協会、日本写真芸術学会会員。

著書・共著に『・京・瞬・歓・』『京都御所　大宮・仙洞御所』『桂離宮　修学院離宮』（京都新聞出版センター）、『京都の祭り暦』『源氏物語を行く』（小学館）、『日本の庭・京都』（パイインターナショナル）、『四季・京都の庭園』『京都春夏秋冬季節のことば』（光村推古書院）など多数。

〈装幀〉

辻田和樹

京都 祇園祭

発行日　２０１９年7月1日　初版発行

著　者　中田　昭

発行者　前畑知之

発行所　京都新聞出版センター

〒604-8578　京都市中京区烏丸通夷川上ル

TEL.075-241-6192　FAX.075-222-1956

http://www.kyoto-pd.co.jp/book/

英　文　マーティン・ピディントン

印刷・製本　双林株式会社

ISBN978-4-7638-0717-5 C0026

本書は２０１１年6月10日発行の『京都　祇園祭』（中田昭著）に加筆・修正を加えた改訂版です。掲載内容については一部同じ内容を含みます。あらかじめご了承ください。